DEUTSCH TRAINING

Dieter Gall

Aufsatz Oberstufe

ab 10. Klasse

STARK

ISBN: 3-89449-123-X

2. neu bearbeitete und ergänzte Auflage 1993

Inhalt

(Fortsetzung nächste Seite)

IV. Textinterpretation (Interpretation literarischer Texte)

V. Literarisches Thema (Textinterpretation Pflichtlektüre)

VI. Musteraufgaben

Vorwort

Liebe Schülerin, lieber Schüler,

dieses kompakte Trainingsmaterial soll Ihnen dabei helfen, sich auf die **abitur- bzw. prüfungsrelevanten Aufsatzarten** optimal vorzubereiten. Da die Fähigkeit, einen guten Aufsatz zu schreiben, auch von Faktoren wie Erfahrung, Sprachgefühl und Sprachbeherrschung sowie Selbständigkeit im Denken und Urteilen abhängt, ist es ein besonderes Anliegen dieses Bandes, gerade diese Komponenten zu schulen und damit die Voraussetzungen für das Gelingen eines guten Aufsatzes zu schaffen.

Daher liegt der Schwerpunkt des Bandes auf **Ratschlägen allgemeiner Art** einerseits und **praktischen Beispielen** andererseits, die eine direkte Umsetzung der theoretischen Grundlagen darstellen:

- Einführungen, Vorschläge zum methodischen Vorgehen, Hinweise für eine Gliederung sowie Sammlungen von Themenbereichen und Fachbegriffen sollen das Bewußtsein für die Eigenheiten der jeweiligen Aufsatzarten stärken.
- Die Musterbeispiele veranschaulichen die allgemeinen Ausführungen durch Hinweise zu den einzelnen Themen, spezielle Gliederungen, Stoffsammlungen, Musteraufsätze und Nachbesprechungen, wobei bewußt Wert darauf gelegt wurde, daß die Aufsätze nicht über das von Schülern erwartete Niveau hinausgehen.

Neben der Vorbereitung auf das Abitur eignet sich dieses Buch auch als **unterrichtsbegleitende Lernhilfe**, besonders zur Wiederholung vor Klassenarbeiten und Klausuren. Mit Hilfe des Registers kann es auch als **Nachschlagewerk** benutzt werden.

Dieter Gall

I. Problemerörterung (freie Erörterung)

1. Einführung

Die Problemerörterung kann in der Schulgeschichte auf eine lange Tradition zurückblicken. In der Form des sogenannten "Besinnungsaufsatzes" wurde, besonders in der Nachkriegszeit, von Schülern die Beschäftigung mit allgemeinen Themen gefordert, die von der Pressefreiheit bis zur Todesstrafe oder von Erziehungsfragen bis zur Friedensproblematik reichten. Eine solche Bandbreite von Themen konnte natürlich nicht zu vertieften Auseinandersetzungen führen, und so gab es auch immer wieder Versuche, diese Aufsatzart zu reformieren. Nach einer kurzfristigen Abschaffung wurde die Problemerörterung für das Abitur 1985/86 wieder eingeführt, allerdings in veränderter Gestalt. Von nun an sollen nur noch Stoffe aus dem kulturell-literarischen Bereich bzw. Themen, die unmittelbar mit dem Lehrplan Deutsch in der Oberstufe zu tun haben, zur Diskussion gestellt werden.

Vom Schüler kann bei der Problemerörterung natürlich keine wissenschaftliche Abhandlung verlangt werden. Erwartet wird dagegen eine sachliche und inhaltlich ausgewogene Darstellung des vorgelegten Themas. Einseitigkeit bzw. Konzentration auf einen Aspekt ist dabei ebenso wenig gefragt wie eine emotionale Ausführung.

Für die **Beurteilung** wird auf folgende Punkte Wert gelegt:
- Problembewußtsein
- übersichtliche Gliederung
- logische Gedankenführung
- inhaltliche Ausgewogenheit
- sichere sprachliche Gestaltung
- eigenständiges Urteil

Die Problemerörterung sollte als Aufsatzart im schriftlichen Abitur nur dann gewählt werden, wenn der Schüler über eine gute Sachkenntnis bei dem entsprechenden Thema verfügt und wenn er sich zutraut, die Problematik von verschiedenen Standpunkten aus zu betrachten. Mit allgemeinen Floskeln und mit Phrasendrescherei wird der Sinn der Problemerörterung verfehlt. Vielmehr sollte man auf der Grundlage von gesicherten Fakten zu einem eigenständigen Urteil gelangen, das auch vom Leser nachvollzogen werden kann. Eine Reihe gut ausgewählter, treffender Beispiele sollte die Ausführungen veranschaulichen und die nötige Abwechslung herbeiführen.

2. Methodisches Vorgehen

Die größte Gefahr bei einer Problemerörterung besteht darin, daß man sich spontan von dem Thema angezogen fühlt und deshalb Einzelheiten der Problematik oder die Art der Aufgabenstellung übersieht. Da bei dieser Aufsatzart Sachlichkeit gefragt ist, kann eine zu gefühlsmäßige Auseinandersetzung mit der Aufgabe nur schädlich sein. Der Schüler sollte sich erst dann für die Problemerörterung entscheiden, wenn er die Fragestellung genauestens erfaßt und die darin liegenden Probleme erkannt hat. Außerdem sollte er sich fragen, ob er zu dem gestellten Thema auch über genügend Sachkenntnis verfügt und dafür gute Beispiele nennen und darlegen kann.
Für die Erarbeitung einer Problemerörterung können folgende Schritte empfohlen werden:

a) Erschließung des Themas

Mit einer Reihe von Fragetechniken wird die Aufgabe erfaßt. Verschiedene Gesichtspunkte des Themas können skizziert werden. Man achte darauf, welche Informationen bereits in der Aufgabenstellung enthalten sind.

b) Erstellung einer Grobgliederung

Die Art der Fragestellung legt oft von selbst eine gewisse Gliederung nahe, da in ihr bereits zwei oder drei verschiedene Aspekte (z. B. Ursachen, Auswirkungen, Folgen, Probleme, Lösungen) angesprochen werden.

c) Stoffsammlung

Zu jedem Teil der Grobgliederung können nun einzelne Gedanken gesammelt werden. Dies kann durch ein brain-storming (d. h. alles notieren, was einem einfällt) oder durch ein systematisches Vorgehen (z. B. gezielte Fragen an das Thema stellen) erfolgen.

d) Ordnen der Gedanken

Die in der Stoffsammlung aufgeführten Ideen werden jetzt noch einmal kritisch gesichtet. Dabei sollte man zusammenhängende Gedanken aufeinander beziehen und darauf achten, daß ein roter Faden durch den Gedankenablauf geht.

e) Niederschrift

Die durch Pfeile, Zahlen, Buchstaben oder ähnliches einander zugeordneten Gedanken werden ausformuliert. Die Aufmerksamkeit ist darauf zu richten, daß die Übergänge zwischen den einzelnen Ideen und den jeweiligen Abschnitten ohne inhaltlichen Bruch und ohne Verstöße gegen die Logik ausgeführt werden.

Um Mißverständnisse und Fehldeutungen bei der Erschließung des Themas zu vermeiden, sollten zuerst einige **Fragen an die Aufgabenstellung** gerichtet werden:
- Was ist das Hauptthema der Aufgabe?
- Auf welche Einzelbereiche verweist die Aufgabe?
- Welche Informationen enthält die Aufgabenstellung?
- Was wird verlangt: die Darstellung eines Sachverhalts, ein Abwägen von Vor- und Nachteilen, eine Bewertung, eine eigene Stellungnahme?
- Welche Kenntnisse setzt das Thema voraus?
- Aus welchen Bereichen sollen Beispiele gewählt werden?

Die **Thematik** selbst kann man durch eine Menge von Fragetechniken verdeutlichen. Die dabei gewonnenen Ergebnisse sind bereits ein wichtiger Bestandteil der Stoffsammlung.

Folgende Möglichkeiten bieten sich an:
- Definition der Schlüsselbegriffe
- Suche nach ähnlichen Begriffen (Synonyme) und Gegensätzen
- Erstellung von Wortfeldern und Wortfamilien
- W-Fragen: wer? wo? wann? was? wie? warum? wodurch?
- Assoziationen: spontane Einfälle zu bestimmten Begriffen
- Suche nach geeigneten Beispielen
- Zitate, Sprichwörter, Redewendungen zu dem Thema

Dieses Vorgehen schafft nicht nur Voraussetzungen für eine inhaltliche Auseinandersetzung mit dem Thema, sondern es ergeben sich auch Wortsammlungen für eine gute sprachliche Gestaltung.

3. Grundschema: Gliederung

Bei der Problemerörterung hängt die Art des Aufbaus stark von der Themenstellung ab. Im allgemeinen unterscheidet man zwei Formen, die besonders in ihrem Hauptteil voneinander abweichen.

a) Dialektische Form

Die dialektische Form wird bei Themen zugrundegelegt, die sich in Gegensätzen ausdrücken, also auf Vor- und Nachteile eines Sachverhalts oder auf Behauptung und Gegenbehauptung einer These hinzielen. Dabei muß immer berücksichtigt werden, daß die sich widersprechenden Argumente eine Lösung (Synthese) erforderlich machen. Allerdings sollte sich die Lösung nicht über die vorhergehenden Ausführungen hinwegsetzen, sondern die Gegensätze abwägen und zusammenführen. Selbstverständlich muß die Synthese gut begründet werden.
Es bietet sich folgendes Gliederungsschema an:

EINLEITUNG

HAUPTTEIL

1. Pro-Argumente (These) bzw. Vorteile
2. Contra-Argumente (Antithese) bzw. Nachteile
3. Lösung(en) (Synthese)

SCHLUSS

Zu dieser Ausführung läßt sich jedoch eine Alternative aufzeigen. Im Hauptteil müssen die Pro- und Contra-Argumente nicht unbedingt in geschlossener Form nacheinander abgehandelt werden. Denkbar ist auch, daß die einzelnen Gegenargumente ihren jeweiligen Argumenten gegenübergestellt werden. Neue Abschnitte wären dann nach Abschluß eines Gesichtspunkts vorzunehmen. In einer Skizze läßt sich dieses Vorgehen so darstellen:

Erster Hauptaspekt:
1. Argument → 1. Gegenargument
2. Argument → 2. Gegenargument
usw.

Zweiter Hauptaspekt:
1. Argument → 1. Gegenargument
2. Argument → 2. Gegenargument
usw.

Dieses Verfahren wirkt zwar abwechslungsreicher und oft auch spannender als das einfache Gliederungsschema, birgt aber auch die Gefahr in sich, daß die Ausführungen an Klarheit und Übersicht einbüßen.

b) Steigernde Form

Anspruchsvoller als die dialektische Erörterung ist die **steigernde Form**, denn hier läßt sich kein verbindliches Gliederungsschema aufstellen. Der Aufbau des Hauptteils hängt von der Fragestellung der Aufgabe ab. Oft ist die Gliederung des Hauptteils durch die Formulierung des Themas vorgegeben. Doch manchmal muß der Schüler die Inhalte und die Reihenfolge der einzelnen Teile selbst festlegen, vor allem wenn das Thema sehr offen oder sehr knapp formuliert ist. Im großen und ganzen kann man von einem Schema ausgehen, bei dem man sich jedoch immer vor Augen halten muß, daß es gegebenenfalls Änderungen verlangt. Das Gliederungsschema der steigernden Erörterung sieht folgendermaßen aus:

EINLEITUNG

HAUPTTEIL

1. Sachverhalt, Hintergründe des Themas
2. Gründe, Ursachen
3. Lösungen

SCHLUSS

c) Gestaltung der Gliederungspunkte

Die Gestaltung der einzelnen Teile unterliegt bei beiden Erörterungsformen ähnlichen Bedingungen:
So sollte die **Einleitung** jeweils zum Thema hinführen, aber noch keine wichtigen Gedanken des Hauptteils vorwegnehmen. Durch eine interessante und wenn möglich originelle Einführung sollte der Leser zur Fortsetzung des Aufsatzes angeregt werden. Je nach Thema sind für die Einleitung verschiedene Möglichkeiten vorstellbar:

- Zitat, Sprichwort
- eigene Erfahrungen
- Hinweise auf Aktualität des Themas
- Beispiel, Ereignis, Anekdote
- Darstellung des Zusammenhangs
- geschichtliche Entwicklung

Aufgrund ihres Charakters sollte die Einleitung knapp sein und möglichst rasch zum Hauptteil übergehen.

Im **Hauptteil** findet eine gründliche Auseinandersetzung mit dem Thema statt. Die Reihenfolge der Gedanken sollte den Gesetzen der Logik und einer für den Leser nachvollziehbaren Anordnung gehorchen. Anschaulichkeit und eine mit treffenden Beispielen versehene Argumentationsweise sorgen für eine gute Wirkung der Erörterung.

Der **Schluß** rundet die Arbeit durch allgemein gehaltene Ergebnisse ab. Er sollte jedenfalls keine Gedanken enthalten, die nicht schon im Hauptteil erörtert oder wenigstens angedeutet wurden. Wenn auf Aspekte, die das Thema fortsetzen, hingewiesen wird, sollte dies in allgemeiner Form und nicht in konkreten Darlegungen erfolgen. Schließlich erwartet der Leser ja keine Weiterführung des Aufsatzes. Im einzelnen kann der Schlußteil folgende Möglichkeiten enthalten:

- kurze Zusammenfassung der Ergebnisse
- Verdeutlichung der eigenen Meinung
- Hinweis auf Konsequenzen der vorgeschlagenen Lösungen
- Zukunftsaussichten, mögliche Weiterentwicklung
- Anknüpfung an den Grundgedanken der Einleitung
- pointierte Formulierung, Zitat, Sprichwort.

Obwohl die Erörterung in verschiedene, auch äußerlich durch Abschnitte gekennzeichnete Teile gegliedert ist, darf der inhaltliche Zusammenhang nicht verloren gehen. Es ist deshalb darauf zu achten, daß die einzelnen Abschnitte nicht isoliert dastehen, sondern durch elegante **Überleitungen** miteinander verbunden sind. Eine inhaltlich ausgewogene und in sich geschlossene Darstellung trägt wesentlich zu einer positiven Gesamtwirkung einer Erörterung bei.

4. Themenbereiche

Die Themenbereiche lassen sich in zwei große Gruppen aufteilen:

a) direkt fachbezogene Themen: Sprache, Literatur, Medien
b) allgemeine Themen: menschliche Grunderfahrungen, kulturelle und philosophische Fragen.

Um von der ganzen Bandbreite verschiedenster Stoffgebiete eine Vorstellung zu vermitteln, sei im folgenden stichwortartig eine Liste von möglichen Themen aufgeführt.

a) Direkt fachbezogene Themen

Sprache:
Sprache und Denken
Sprachpflege
Bedeutung der Rechtschreibung
Rechtschreibreform
Mehrsprachigkeit des Menschen
Muttersprache – Fremdsprache
Sprachebenen
Sprache und Verständigung
Manipulation durch Sprache

Literatur:
Moderne Literatur – alte Literatur
Literatur und Gesellschaft
Realismus-Problem
Themen der Literatur (Krieg, Helden, Frauen, Generationenkonflikte usw.)
Berufs- und Arbeitswelt in der Literatur
Literaturverfilmungen

Medien:
Vorteile und Probleme der Massenmedien
Manipulation durch Medien
Fernsehsendungen
Kino und Videomarkt
Zeitungen und Zeitschriften
Hörspiel

b) Allgemeinere Themen

Menschliche Grunderfahrungen:
Erziehung
Sport
Arbeit und Freizeit
Urlaubsverhalten
Krieg und Frieden
Verhaltensformen

Kulturelle Fragen:
Kunst und Gesellschaft
Kulturpolitik, Kulturförderung
Literaturpreise

Bildung: Allgemeinbildung – berufliche Bildung
Bücherlesen, Bücherkauf, Bücherei
Aufgabe des Theaters
Rede: Funktion, Anlaß, Wirkung

Philosophische Fragen:

Bürger und Staat
Demokratie
Tradition und Fortschritt
Verantwortung – Gewissen
Freiheit
Gemeinschaft

Auch die Gestaltung der **Aufgabenstellung** kann unterschiedlich ausfallen. Meistens läßt sich eine Zweiteilung feststellen, d.h. auf ein Zitat oder eine These folgt die eigentliche Aufgabe, die dem Schüler nach dem Muster "Erörtern Sie ...", "Setzen Sie sich mit ... auseinander", "Wie beurteilen Sie ..." usw. genaue Anweisungen gibt. Häufig sollen einzelne Themen an Beispielen aus der Literatur erläutert werden. Im großen und ganzen lassen sich vier verschiedene Grundmuster unterscheiden, die hier an je einem Beispiel kurz vorgestellt werden sollen:

Zitat → Stellungnahme
Hierbei wird der Schüler aufgefordert, zu einem Zitat, einer These, einer Behauptung oder ähnlichem Stellung zu nehmen.

Beispiel:
"Echte Bildung ist nicht Bildung zu irgendeinem Zwecke, sondern sie hat, wie jedes Streben nach dem Vollkommenen, ihren Sinn in sich selbst." (Hermann Hesse)
Erörtern Sie Hesses Bildungsbegriff, und nennen Sie Beispiele für eine Ihrer Meinung nach sinnvolle Bildungspolitik.

Begriffspaar / Gegensätze → Erörterung
Die Aufgabe besteht darin, ein Begriffspaar oder einen Gegensatz an einem Beispiel zu erörtern.

Beispiel:
Egoismus und Verzicht
Erörtern Sie das Spannungsverhältnis dieser beiden Begriffe an einer literarischen Figur.

Vergleich(e) → Durchführung

Diese Aufgabenart ist mit der Aufforderung verbunden, verschiedene Begriffe, Gegenstände oder Sachgebiete miteinander zu vergleichen oder gegeneinander abzugrenzen.

Beispiel:

Politische Informationen vermitteln Fernsehen – Zeitungen – Bücher.
Vergleichen Sie diese drei Möglichkeiten.

Direkte Frage → Erörterung

Mit einer direkten Frage wird von dem Schüler bei dieser Art der Aufgabenstellung eine eigene Stellungnahme verlangt. Zusätzlich kann die Aufgabe durch einen Aufforderungssatz präzisiert werden.

Beispiel:

Sollte im deutschen Sprachraum eine Rechtschreibreform durchgeführt werden?
Erörtern Sie Vor- und Nachteile einer solchen Maßnahme, und äußern Sie dazu Ihre Meinung.

Zu einem guten Gelingen erfordert die Problemerörterung eine solide Allgemeinbildung, eine ausreichende Belesenheit und gründliche Informationen zu unterschiedlichen aktuellen Themen. Regelmäßige Zeitungslektüre, Interesse an Nachrichten- und Informationssendungen sowie ein ständiger Umgang mit Büchern stellen die beste Grundlage für diese Aufsatzart dar.

5. Musterbeispiel

Aufgabe

Der Schriftsteller Siegfried Lenz sagte anläßlich der Verleihung des Literaturpreises der Stadt Bremen:

"Der Dichter handelt, indem er eine Bedrohung, die alle betrifft, aufdeckt."

Setzen Sie sich mit dieser Behauptung auseinander; belegen Sie Ihre Ausführungen an Beispielen aus der Literatur.

a) Hinweise zum Thema

Das Thema dieser Problemerörterung ist so gestellt, daß man es auch ohne große Kenntnisse über den Autor oder den Literaturpreis der Stadt Bremen bearbeiten kann. Sollte ein entsprechendes Hintergrundwissen doch vorhanden sein, kann dies dem Schüler nur als Vorteil dienen, denn davon kann die Gestaltung der Einleitung und des Schlusses und unter Umständen auch des Hauptteils profitieren.

Biographische Notiz

Der Schriftsteller Siegfried Lenz gehört neben Heinrich Böll, Günter Grass und Martin Walser zu den berühmtesten Vertretern der deutschen Literatur seit 1945. Wie diese drei machte auch er gelegentlich durch politische Aktivitäten auf sich aufmerksam (z. B. als Wahlkampfhelfer der SPD). Seine Bücher, die mit hohen Auflagenzahlen gedruckt werden, gehören meistens kurz nach ihrem Erscheinen zu den Bestsellern.

Siegfried Lenz wurde am 17. 3. 1926 in dem masurischen Städtchen Lyck (Ostpreußen) geboren. Unmittelbar vor dem Ende des Zweiten Weltkriegs wurde er noch zur Marine eingezogen. In Hamburg studierte Lenz dann Philosophie, Literatur und Anglistik, arbeitete als Redakteur und schloß sich der "Gruppe 47" an. Seit 1951 lebt er als freier Schriftsteller in Hamburg.

Zu seinen wichtigsten Themen in seinem Romanwerk gehört die Schuldfrage des Menschen. Dagegen herrscht in seinen Erzählungen eher ein heiterer Ton vor.

Bekannteste Werke

1951 Es waren Habichte in der Luft (Roman)
1955 So zärtlich war Suleyken (Erzählungen)
1960 Das Feuerschiff (Erzählungen)
1968 Deutschstunde (Roman)
1973 Das Vorbild (Roman)
1975 Der Geist der Mirabelle (Erzählungen)
1978 Heimatmuseum (Roman)
1981 Der Verlust (Roman)
1984 Ein Kriegsende (Erzählung)
1985 Exerzierplatz (Roman)

Das Zitat

Im Jahre 1962 sprach die Jury der Rudolf-Alexander-Schröder-Stiftung dem Schriftsteller Siegfried Lenz den Bremer Literaturpreis zu. Unter dem Titel "Der Künstler als Mitwisser" hielt Lenz in Bremen eine Dankesrede, der das vorliegende Zitat entnommen ist. Allerdings wurde diese Äußerung verkürzt und in zugespitzter Form wiedergegeben. Der vollständige Satz lautet:

"Der Schriftsteller handelt, indem er etwas aufdeckt: eine gemeinsame Not, gemeinsame Leidenschaft, Hoffnungen, Freuden, eine Bedrohung, die alle betrifft."
Der Schüler hat bei der Erarbeitung dieser Problemerörterung lediglich von dem Text der Aufgabenstellung auszugehen. Da das Zitat keine Jahresangabe enthält, ist der Schüler auch nicht verpflichtet, die Hintergründe der Rede oder das gesellschaftspolitische Umfeld in der Bundesrepublik der 60er Jahre in seine Überlegungen miteinzubeziehen.
Dagegen kann wohl vorausgesetzt werden, daß sich S. Lenz als ein Autor der Bundesrepublik Deutschland mit Romanen (z. B. "Deutschstunde") und Erzählungen einen Namen gemacht hat.

b) Grobgliederung

Die Aufgabe dieser Problemerörterung weist eine Zweiteilung auf. Dem Zitat, dessen Herkunft in knapper Form angegeben ist, folgt die eigentliche Arbeitsanweisung. Die Lenz-Äußerung soll sowohl erörtert als auch an Beispielen aus der Literatur verdeutlicht werden. Allerdings geht es nicht nur um ein Verständnis des zitierten Satzes und dessen Problematik, sondern vom Schüler wird auch eine deutliche Stellungnahme verlangt.

Das Thema läßt sich am besten in Form einer **dialektischen Erörterung** bearbeiten. Dabei würden die Pro-Argumente von einer Bestätigung der These Siegfried Lenz' ausgehen, während die Contra-Argumente diese Behauptung auf zweifache Weise verneinen würden. Diese beiden Negationen könnte man so formulieren:
- Die Aufgabe des Dichters besteht nicht darin, Bedrohungen aufzudecken.
- Der Dichter handelt auch, wenn er keine Bedrohung aufdeckt.

Bevor der eigentliche Hauptteil in Angriff genommen wird, sollte in einem gesonderten Abschnitt der Inhalt des Zitats genauer beleuchtet werden, denn die Behauptung ist durchaus nicht eindeutig. Nach diesen Feststellungen ergibt sich die folgende **Gliederung**:

EINLEITUNG
- Siegfried Lenz: Autor von Romanen und Erzählungen
- These über die Aufgabe des Dichters

HAUPTTEIL

1. Inhalt des Zitats: Funktion des Dichters
   Offene Fragen, Bedeutung einzelner Begriffe

2. Pro-Argumente
   Bestätigung der These und Beispiele aus der Literatur
3. Contra-Argumente
   Ablehnung der These und Beispiele aus der Literatur
4. Lösung
   Dichter, die Pro- und Contra-Argumente erfüllen
   Eigene Meinung zur Funktion des Dichters und Beispiele aus der Literatur

SCHLUSS
- Verdeutlichung der eigenen Meinung oder
- zukünftige Aufgabe der Literatur oder
- Funktion von Literaturpreisen usw.

Die Gestaltung eines Aufsatzes zu diesem Thema hängt natürlich stark von der Kenntnis geeigneter Beispiele aus der Literatur ab. Dieses Anschauungsmaterial sollte jedoch ausgewogen und gut verteilt sein, denn man braucht sowohl im Pro- als auch im Contra-Teil zutreffende literarische Beispiele. Besonders der eigene Standpunkt sollte mit einigen bekannten Werken veranschaulicht werden. Dabei muß aber nicht unbedingt ein Kompromiß gefunden werden, der genau in der Mitte der beiden extremen Thesen liegt. Der Schüler kann auch eine dieser zwei Behauptungen vertreten, wobei er allerdings im Lösungsteil beide Positionen gegeneinander abwägen und erst danach zu einem selbständigen differenzierten Urteil gelangen sollte.

Wie eine gründlich gegliederte **Stoffsammlung** aussehen könnte, soll an dem folgenden Beispiel gezeigt werden. Der sich daran anschließende Musteraufsatz greift auf dieses Modell zurück.

c) Gegliederte Stoffsammlung

EINLEITUNG
- Frage nach politischem Engagement des Schriftstellers
- Siegfried Lenz: berühmter Schriftsteller der deutschen Nachkriegsliteratur
- Anlaß des Zitats: Rede bei Verleihung des Literaturpreises der Stadt Bremen

HAUPTTEIL

1 Hintergrund: Analyse des Lenz-Zitats

1.1 Funktion des Dichters: schreiben – "handeln"

1.2 Arten der Bedrohung
1.3 Bedeutung von "Bedrohung aufdecken"

2 Pro-Argumente
2.1 Der Dichter und die Gesellschaft
2.1.1 Dichter als Prophet – Vergleich mit früheren Epochen
2.1.2 Dichter als moralische Instanz
2.1.3 Erwartungshaltung der Leser

2.2 Aufgaben der Literatur
2.2.1 Antworten auf drängende Fragen der Zeit
2.2.2 Darstellung der kompliziert gewordenen Welt
2.2.3 Neue Erkenntnisse: Hinweis auf Gefahren
Beispiel Dürrenmatt: Die Physiker
2.2.4 Vorausschau in die Zukunft: Gefahren durch technische Entwicklung
Beispiel Orwell: 1984
2.2.5 Beschäftigung mit Massenmedien: Gefahren durch ihre Einflußmöglichkeiten
Beispiel Böll: Die verlorene Ehre der Katharina Blum
2.2.6 Darstellung sozialer Konflikte: Gefahren durch Störung des sozialen Gleichgewichts
Beispiel Hauptmann: Die Weber

2.3 Politisches Engagement des Dichters
2.3.1 Politische Aktivitäten außerhalb der Literatur
2.3.2 Politische Positionen in literarischen Werken
2.3.3 Politische Einflußmöglichkeiten des Dichters

3 Contra-Argumente
3.1 Andere Aufgaben der Literatur
3.1.1 Unterhaltungswert der Literatur
3.1.2 Beschreibung, Umgang mit Sprache
3.1.3 Vermittlung von Lebensweisheiten

3.2 Unpolitische Dichter
3.2.1 Distanzierung von der Politik
3.2.2 Verbannung von Alltagsproblemen aus der Literatur
3.2.3 Vermittlung von "ewigen Werten"
3.2.4 Darstellung allgemeiner menschlicher Verhaltensweisen

3.3 Unpolitische Themen in der Literatur
3.3.1 Liebeslyrik: Antike bis Neuzeit
3.3.2 Beschreibung der Heimat
Beispiel: Lenz: So zärtlich war Suleyken; Mundartliteratur
3.3.3 Selbstverwirklichung des Menschen
Beispiel: Hermann Hesses Romane
3.3.4 Komödien: Darstellung menschlicher Schwächen
Beispiel: Molière
3.3.5 Bedürfnisse des Lesepublikums: Entspannung, Unterhaltung

4 Lösungen
4.1 Bedrohung als Thema jeder Art von Literatur
4.1.1 Gefahren in Lustspielen
4.1.2 Erfahrungen des Lesers: Gefährdung des Glücks

4.2 Gleichzeitigkeit von Politischem und Unpolitischem in der Literatur
4.2.1 Beispiel Zuckmayer: Der Hauptmann von Köpenick
4.2.2 Zeitgebundenheit von politischer Wirkung
Beispiel: Molière

4.3 Vielseitigkeit des Dichters
4.3.1 Gleichzeitigkeit von Darstellungen einer Bedrohung und Unterhaltung
4.3.2 Abhängigkeit der Inhalte von Zweck und Ziel

4.4 Beurteilung des Lenz-Zitats
4.4.1 Einseitigkeit bei Verabsolutierung
4.4.2 Gültigkeit bei allgemeinem Verständnis

SCHLUSS
- Fortbestehen früherer Erwartungen an die Dichter: Phantasie und politischer Weitblick
- Funktion von Literaturpreisen: Dank und Aufforderung der Gesellschaft an den Dichter

d) Musteraufsatz

Darf ein Dichter in seinen Werken politisch Partei ergreifen? Muß er es sogar? Welche Konsequenzen hätte das politische Engagement eines Schriftstellers? Mit diesen Fragen beschäftigt sich Siegfried Lenz in seiner Rede, die er anläßlich der Verleihung des Literaturpreises der Stadt Bremen hielt. Neben Heinrich Böll und

Günter Grass gehört Lenz zu den berühmtesten Autoren der deutschen Nachkriegsliteratur, und wie diese beiden ist auch er sowohl durch seine Romane und Erzählungen als auch durch politische Aktivitäten einer breiteren Öffentlichkeit bekannt geworden.

Nach Siegfried Lenz' Meinung besteht die Aufgabe des Dichters darin, eine Bedrohung, die alle betrifft, aufzudecken. So klar formuliert dies auch scheinen mag, bleiben doch einige Fragen offen. Bezieht sich Lenz auf das Handeln des Dichters außerhalb der Literatur, oder versteht er unter diesem Begriff jede Schreibtätigkeit? Welche Arten von Bedrohungen sind dabei gemeint? Ebenso unterliegt das Wort "alle" einer mehrfachen Deutung, je nachdem wie weit die Wirkung eines Autors reicht. Allerdings scheint sich die Funktion des Dichters lediglich auf das Aufdecken einer Bedrohung zu beschränken, von Lösungen ist bei Lenz nicht die Rede. Diese Forderung setzt jedoch eine prophetische oder detektivische Begabung voraus, denn eine Bedrohung aufzudecken heißt, diese Gefahr erst einmal zu erkennen und sie anschließend der nichtsahnenden Öffentlichkeit mitzuteilen.

Solche Erwartungen wurden an die Dichter zu allen Zeiten herangetragen. Schon in der Antike wurden die Autoren aufgrund ihrer weitblickenden Fähigkeiten verehrt. Auch nach dem Zweiten Weltkrieg wurde immer wieder auf Schriftsteller lobend hingewiesen, die frühzeitig die Gefahren des Nationalsozialismus beschrieben und das deutsche Volk vor möglichem Unheil gewarnt hatten. In der Tat stehen die Dichter bis heute in dem Ruf, die moralische Instanz der Gesellschaft zu sein. Deshalb schenkt das Publikum den Schriftstellern besondere Aufmerksamkeit, wenn diese sich in Aufrufen, Interviews und öffentlichen Reden zu aktuellen Fragen der Gesellschaft äußern. Diese Erwartungshaltung wird noch in den Zeiten verstärkt, wo man sich wegen Affären und Skandalen enttäuscht von Politikern abwendet.

Ein verantwortungsvoller Dichter kann es sich also in einer demokratischen Gesellschaftsordnung nicht erlauben, sich in seinen Elfenbeinturm zurückzuziehen und weltfernen Träumereien zu huldigen. Von den Autoren erhoffen die Leser, daß sie sich mit ihrer eigenen Zeit intensiv auseinandersetzen und daß sie auf aktuelle Probleme eingehen.

Es ist verständlich, daß in einer Zeit rasanter technischer Entwicklung viele Leser in der Literatur nach Antworten auf die drängenden Fragen der Zeit suchen. Für viele Menschen gelten Dichter als diejenigen, die noch unsere kompliziert gewordene Welt einigermaßen durchschauen. Deshalb erzielen literarische Werke große Erfolge, die neue verblüffende Erkenntnisse zutage fördern und die ganze

Leserschaft auf bisher nicht beachtete Probleme aufmerksam machen. So wies z. B. Friedrich Dürrenmatt in seinem Drama "Die Physiker" auf Gefahren hin, die die Menschheit in ihrer ganzen Existenz bedrohen können. Die Wissenschaftler tragen laut Dürrenmatt dazu bei, durch die Preisgabe ihres Wissens an die Machthaber den Untergang der Welt herbeizuführen. Probleme der Forschung betreffen also nicht die Sachverständigen allein, sondern gehen wegen ihrer möglichen schrecklichen Konsequenzen wirklich alle an.

Die zunehmende Technisierung der Zivilisation wird das Leben jedes einzelnen immer stärker berühren. Daraus entstehende Gefahren wurden schon frühzeitig von George Orwell in seinem Roman "1984" vorausgesehen. Darin legt er dar, wie das Leben verschiedener Individuen durch die Überwachung eines übermächtigen Staates stark beeinträchtigt werden kann. Durch die ausführliche und anschauliche Beschreibung von Zwängen, Druckmitteln, Eingriffs- und Kontrollmöglichkeiten, die einem Staatsapparat durch technische Errungenschaften zur Verfügung stehen, trug Orwell dazu bei, daß durch entsprechende Gesetze diese Gefahren gemeistert werden können.

Heinrich Böll machte in seinem Roman "Die verlorene Ehre der Katharina Blum" deutlich, wie schnell eine einzelne Person durch Verunglimpfung von seiten einer einflußreichen Zeitung gesellschaftlich ruiniert werden kann. Systematische Zerstörungen ähnlicher Art können jeden ereilen, da genügend Voraussetzungen vorhanden sind. Ein Massenblatt bedarf nur eines gläubigen Publikums und eines nachvollziehbaren Verdachts, um eine Haßkampagne gegen einzelne Menschen in die Wege zu leiten. Durch sein Buch hat Böll auf die gewaltigen Einflußmöglichkeiten einer erfolgreichen Zeitung und deren Folgen aufmerksam gemacht. Jeden einzelnen würde auch die Bedrohung der Gesellschaftsordnung durch soziale Konflikte betreffen. Wenn durch Machtverschiebung das soziale Gleichgewicht ins Wanken gerät, wird eine Gesellschaft schwerwiegende Kämpfe durchstehen müssen. In seinem Schauspiel "Die Weber" hat Gerhart Hauptmann gezeigt, wie durch Unterdrückung und Ausbeutung friedliche Arbeiter zu Gewalttaten veranlaßt werden können, die unter Umständen bis zur Revolution führen. Ein Autor, der in seinen Werken gesellschaftliche Konflikte darstellt, kann daher Politiker und Experten auf drohende Gefahren für das soziale Gefüge aufmerksam machen, so daß rechtzeitig Abhilfe geschaffen werden kann, bevor eine angelaufene Entwicklung außer Kontrolle gerät.

Ein politisches Engagement des Dichters muß sich nicht auf öffentliche Auftritte oder parteipolitische Tätigkeiten beschränken, er kann auch in seinen Werken seinen Standpunkt zur Sprache bringen. Bei ausreichender Wirkung in der

Öffentlichkeit kann er auf diese Weise negative Entwicklungen bremsen oder bestimmte gesellschaftliche Prozesse in Gang bringen bzw. beschleunigen. Mit zunehmendem Bekanntheitsgrad wächst auch die Verantwortung des Dichters gegenüber seiner Gesellschaft und bei weitreichenden Themen sogar gegenüber der ganzen Menschheit.

Das große Publikum macht aber oft bei Umfragen deutlich, daß es nicht so viel über politische Themen hören will. Es fällt auf, daß die meistgelesenen Autoren in der Bundesrepublik, wie Simmel und Konsalik, eher unpolitische Bücher schreiben. Die wichtigste Aufgabe der Literatur besteht in ihrem Unterhaltungswert. Große Literatur zeichnet sich nicht in erster Linie durch eine klare politische Haltung aus. Der Leser erwartet vielmehr spannende Inhalte und eine mitreißende Phantasie. Detaillierte Beschreibungen und gelungene Sprachexperimente können den Lesegenuß ebenso steigern wie die Vermittlung von Lebensweisheiten in Form von Sinnsprüchen und Aphorismen.

Viele berühmte Dichter haben sich ganz bewußt von der Politik ferngehalten und haben die Beschäftigung mit den Banalitäten des Alltags als unliterarisch angesehen. Goethe hat sogar die tägliche Zeitungslektüre als verderblich verurteilt. Manchen Literaturkritikern zufolge überdauern Werke der Weltliteratur die Zeiten, gerade weil sie "ewige Werte" enthalten und diese von Generation zu Generation weitervermitteln. Das Wesen der Dichtkunst sei denn auch in der Darstellung allgemeiner menschlicher Verhaltensweisen zu sehen. Werke, die viele Anspielungen ihrer eigenen Zeit aufweisen, sind in späteren Epochen zum Untergang verdammt, weil diese zeitbezogenen Hinweise später nicht mehr verstanden werden können.

In der Literatur werden oft Stoffe behandelt, die alles andere als eine Bedrohung darstellen. Die Liebesgedichte von der Antike bis zur Neuzeit haben weniger das Bedrohliche als vielmehr das Glückbringende und Erstrebenswerte in den Mittelpunkt gestellt. Selbst Siegfried Lenz hat in seinem Erzählband "So zärtlich war Suleyken" bewiesen, daß Literatur auch interessant sein kann, wenn sie keine Gefahren aufzeigt. In diesen Erzählungen unterhält nämlich Lenz seine Leser durch lustige Begebenheiten aus seiner masurischen Heimat. Überhaupt finden sich in der Heimatliteratur und dann auch in der Mundartliteratur oftmals andere als politische Themen.

Auch Hermann Hesse deckt in seinen Romanen keine Bedrohung auf und kann dennoch als äußerst erfolgreicher Autor gelten. Hesse wird heute gerade deshalb viel gelesen, weil er in seinen Werken Wege zur Selbstverwirklichung des Menschen beschreibt.

Besonderer Beliebtheit erfreuen sich bis heute Komödien, in denen allgemeine menschliche Schwächen dargestellt werden. Viele längst tote Autoren wie Molière werden immer wieder aufgeführt, weil das Bedürfnis von Lesern und Zuschauern stark auf Entspannung und Unterhaltung abzielt. Nach der anstrengenden Tagesarbeit wollen die meisten Menschen von Gefahren und Problemen nicht mehr viel hören und lassen sich lieber durch Dichter in ein Traumreich versetzen.

Bei näherer Betrachtung fällt aber auf, daß auch in scheinbar unpolitischen Werken Bedrohungen enthalten oder zumindest angedeutet sind. In einem sehr allgemeinen Sinne besteht auch ein Lustspiel aus Gefahren – meist im privaten Bereich –, denn ohne diese würde ein Leser oder Zuhörer nicht mit Spannung auf ein happy end warten, in dem sich diese Probleme auflösen. Der Leser kann dies gut nachempfinden, denn schließlich war das Glück jedes Menschen schon öfter bedroht.

Die Komödie "Der Hauptmann von Köpenick" von Carl Zuckmayer zeigt politische und unpolitische Elemente gleichzeitig auf. Einerseits fasziniert den Leser die List und der Lebenswille des armen Schusters Voigt, der die Leichtgläubigkeit und die Autoritätshörigkeit seiner Zeitgenossen bloßstellt. Andererseits verdeutlicht Zuckmayer in diesem Bühnenstück die Gefahren einer "uniformierten" Gesellschaft. Auch Molières Komödien, die heute nur noch lustig und unterhaltsam sind, mögen zu ihrer Zeit manche Nadelstiche gegen gesellschaftliche Fehlentwicklungen enthalten und somit manche schwelenden Gefahren aufgedeckt haben. Vor allem ältere Literatur, die in ihrer Entstehungszeit wegen ihrer Brisanz oft verboten war, wirkt heutzutage manchmal harmlos – vielleicht gerade weil darin angesprochene Bedrohungen inzwischen längst überwunden sind.

Ein guter Dichter wird wohl so vielseitig sein, daß er in seinen Werken sowohl allgemeine Gefahren ansprechen als auch unterhalten kann. Die Inhalte seiner literarischen Arbeiten und deren Gestaltung hängen jeweils von den angestrebten Zwecken und Zielen ab. Siegfried Lenz' These ist also teils einseitig, wenn man sie absolut setzt, teils zutreffend, wenn man sie in einem allgemeineren Sinne versteht. Schließlich enthält jede Art von Heimatliteratur den versteckten Hinweis, daß Heimat zerstört werden kann, auch wenn diese Bedrohung gar nicht das eigentliche Thema darstellt.

Die alten Erwartungen an die Dichter, sowohl über Phantasie als auch über politischen Weitblick zu verfügen, bestehen bis in unsere Tage fort. Nicht zuletzt bei Reden, die anläßlich der Verleihung von Literaturpreisen gehalten werden, stellt sich das Publikum auch auf kritische Bemerkungen des Dichters zu aktuellen

Themen ein. Literaturpreise können also als Dank der Gesellschaft an ihre Dichter für ihre Wachsamkeit bei politischen Entwicklungen wie auch als Aufforderung zu einer weiteren kritischen und verantwortungsbewußten Mitarbeit an gesellschaftlichen Prozessen verstanden werden.

e) Alternativen, Ergänzungen

Über die Funktion von Literatur wird man diskutieren , solange es Literatur gibt. Viele Schriftsteller haben sich zu diesem Thema mehrfach geäußert, riesige Abhandlungen wurden von Theoretikern darüber verfaßt. Aufgrund der vorhandenen Fülle an Argumenten ist es unmöglich, diese Problematik in einem Aufsatz erschöpfend zu behandeln.

Deshalb können an dieser Stelle nur noch einige Ergänzungen angebracht werden, um die Vielschichtigkeit dieses Themas zu zeigen. Zu den in dem Musteraufsatz erwähnten Bedrohungen könnten noch weitere bekannte Beispiele herangezogen werden, z. B.

- Technisierung der Welt und deren Folgen
  (Max Frisch: Homo faber)
- Probleme der Sicherheit im staatlichen und privaten Bereich
  (Max Frisch: Biedermann und die Brandstifter,
  Heinrich Böll: Fürsorgliche Belagerung)
- Atomforschung / Verantwortung des Wissenschaftlers
  (Bert Brecht: Leben des Galilei,
  Heinar Kipphardt: In der Sache J. Robert Oppenheimer).

Selbstverständlich wurden viele wichtige Aspekte, die ebenfalls mit Bedrohungen zu tun haben, noch gar nicht dargestellt. Zur Erweiterung des Themas seien daher zusätzliche Themen mit entsprechenden Literaturangaben aufgeführt:

- Soziale Ungerechtigkeit (als Ursache für die Zerstörung des sozialen Friedens)
  Schiller: Die Räuber, Kabale und Liebe, Don Carlos
  Literatur der Arbeitswelt (Wallraff, von der Grün)
- Autoritätsgläubigkeit
  H. Mann: Der Untertan
- Intoleranz und Fanatismus
  Lessing: Nathan der Weise
  Frisch: Andorra

- Generationskonflikt
  Hebbel: Maria Magdalena
  Storm: Hans und Heinz Kirch
- Entfremdung (durch Zerstörung alter Werte und Traditionen)
  Büchner: Woyzeck
  Gotthelf: Die schwarze Spinne
  Walser: Das Schwanenhaus
- Vergangenheitsbewältigung (durch die versäumte Aufarbeitung der Geschichte können später erhebliche Identitätsprobleme bei der Nation entstehen)
  P. Weiss: Die Ermittlung
  H. Kipphardt: Bruder Eichmann
  J. Becker: Jakob, der Lügner

Auch diese Vorschläge stellen nur eine begrenzte Auswahl dar. Viele kleine Texte, wie z. B. Gedichte oder Kurzgeschichten, fehlen in dieser Liste völlig. Gerade in diesen Bereichen werden oft Probleme angesprochen, die in einer ausführlichen Darlegung, etwa in Form eines Romans, noch gar nicht verarbeitet worden sind. Die unpolitische oder die sich unpolitisch gebende Literatur ist natürlich genauso vielfältig und abwechslungsreich wie ihr Gegenstück. Es wäre denkbar, daß man sich bei der Frage nach der Aufgabe des Dichters intensiver mit der Klassik (vor allem Goethe) oder der Romantik (z. B. Eichendorff, E. T. A. Hoffmann, Novalis) auseinandersetzt. Berühmte Autoren wie Thomas Mann oder Eduard Mörike könnten bei diesem Thema gewürdigt werden.

Auch die ganze Tradition des Kriminalromans oder der Science-fiction-Literatur kann interessante Ergebnisse zu dieser Untersuchung beitragen. Weitere Aufschlüsse ergeben auch Überlegungen zur Schreibintention von Autoren oder zur Wirkung von Literatur. Der Zusammenhang von Literatur und Politik könnte in seiner Vielschichtigkeit durchleuchtet werden.

Zu all den genannten Punkten wird in Zukunft noch einiges dazukommen, denn die technische Entwicklung wird auch bei der Literatur deutliche Spuren hinterlassen und somit neue Fragen aufwerfen, die bisher vielleicht noch nicht einmal geahnt werden können.

II. Texterörterung (textgebundene Erörterung)

1. Einführung

Die Texterörterung weist viele Übereinstimmungen mit der Problemerörterung auf. Allerdings steht hier, wie der Name schon sagt, im Gegensatz zu jener Aufsatzart, weniger ein Problem als vielmehr eine Textvorlage im Mittelpunkt. Man spricht deshalb auch von einer **textgebundenen Erörterung**.

Die Thematik wird allein von dem Text bestimmt, der dann auch als Ausgangspunkt für weitere, über die Vorlage hinausführende Überlegungen dienen soll. Ein eigener Standpunkt soll jedoch nach einer ausführlichen Auseinandersetzung mit dem Text selbst begründet werden. Diesem Vorgehensschema entspricht die Anordnung der Aufgabenstellung. Nach dem Text finden sich in der Regel drei Fragen vor, die sich auf die Vorlage beziehen, aber auch, besonders in der 3. Frage, über sie hinausführen.

Die größte Gefahr bei der Erarbeitung einer Texterörterung besteht denn auch darin, daß der Text und die textunabhängigen Ausführungen nicht eindeutig auseinandergehalten werden. Der Schüler sollte deshalb mehrfach überprüfen, ob für den Leser unzweifelhaft hervorgeht, daß eine bestimmte These von dem Autor des Textes oder von dem Schüler selbst stammt. Weiterhin sollte man bei der zusammenfassenden Wiedergabe des Textes darauf achten, daß man sich nicht allzu sehr von dem Sprachstil des Autors beeinflussen läßt, sondern vielmehr zu seiner eigenen Sprachgestaltung findet.

Aus dem bisher Gesagten lassen sich folgende **Beurteilungsmaßstäbe** für eine gelungene Texterörterung ableiten:

- genaues und sicheres Textverständnis
- gründliche Textarbeit
- kritische Haltung gegenüber dem Text
- selbständiges Urteil zu der im Text behandelten Thematik
- klare Trennung zwischen Text, Problematik und eigenem Urteil
- Ausgewogenheit in der Darstellung dieser drei Einzelbereiche
- logischer inhaltlicher Aufbau (vom Text zum eigenen Urteil)
- eigenständiger, von der Vorlage unabhängiger Sprachstil.

Der Schüler, der sich für eine Texterörterung entscheidet, sollte im Umgang mit Texten geübt sein und über sichere Methoden zur Erschließung eines Textes verfügen. Um die Vorlage selbst angemessen beurteilen und gegebenenfalls kritisieren zu können, muß sich der Schüler in dem dargestellten Sachgebiet auskennen. Wer allerdings seine eigene Position darlegt, ohne dem Text hinreichend Bedeutung beizumessen, würde das Wesen einer Texterörterung verfehlen.

2. Methodisches Vorgehen

Die wichtigste Grundregel für die Texterörterung lautet also: den Text gründlich durcharbeiten! Ohne genaueste Textarbeit kann natürlich eine angemessene Beurteilung bzw. Kritik des Textes nicht gelingen. Da sich zwischen Problem- und Texterörterung viele Übereinstimmungen nachweisen lassen, kann man auch ein ähnliches Vorgehen bei der Erarbeitung des Themas empfehlen:

a) Erstellen einer Grobgliederung

Die Aufgabenstellung sollte genau erfaßt werden, damit man weiß, wie man mit dem Text umzugehen hat und was außer einer zusammenfassenden Textwiedergabe verlangt wird. Die Grobgliederung stellt zunächst einen Orientierungsrahmen für das weitere Vorgehen und ein Gerüst für die spätere Stoffsammlung dar.

b) Erschließung des Themas

Die Textvorlage sollte mehrmals gelesen werden, um sich in die Gedankenwelt des Autors hineinzuversetzen. Danach wird der Text mit Hilfe verschiedener Fragetechniken, unter genauer Berücksichtigung der Aufgabe, gründlich erarbeitet. Die Argumentationsweise des Autors wird durch einige Stichwörter so festgehalten, daß auch der Aufbau des Textes in einem Schema deutlich wird.

c) Stoffsammlung

An das Stichwortgerüst zu der Textvorlage kann sich nun eine Sammlung von Notizen zu den übrigen Aufgaben anschließen. Dann kann man sich überlegen, wie man die Einleitung und den Schluß gestaltet und diese beiden Rahmenteile skizzenartig anlegen.

d) Ordnen der Gedanken

Ist die Stoffsammlung abgeschlossen, geht man alle Notizen noch einmal kritisch durch, stellt Zusammenhänge zwischen verschiedenen Gedanken her und legt eine inhaltliche Reihenfolge fest. Dies geschieht am besten durch ein Numerierungsschema, bei dem römische und arabische Ziffern sowie Buchstaben verwendet werden. Zur Sicherheit kann man die Textvorlage erneut durchlesen, um zu prüfen, ob auch wirklich alles Wesentliche berücksichtigt worden ist.

e) Niederschrift

Nachdem der Inhalt des Aufsatzes in Stichworten vorliegt, dürfte die Ausformulierung der Gedanken kein Problem mehr sein. Es sollte aber darauf geachtet werden, daß man den Text des Autors in **eigenen** Worten zusammenfaßt.

Fragemöglichkeiten zur Texterschließung

- Um welche Textart handelt es sich?
- Wo und wann wurde der Text veröffentlicht: Wer ist der Autor?
- Wie ist der Text gegliedert?
- Welcher Zusammenhang besteht zwischen den einzelnen Teilen des Textes?
- Welche Behauptungen stellt der Autor auf?
- Welche Beispiele verwendet der Autor?
- Zu welchen Ergebnissen gelangt der Autor?
- Wie argumentiert der Autor? Wie geht er methodisch vor?
- Welches Ziel verfolgt der Autor mit seinen Ausführungen?
- Wie wirkt der Text auf den Leser? Wodurch wird diese Wirkung erzielt?
- Wie läßt sich der Stil des Autors kennzeichnen?

Ein ähnlicher Fragenkatalog läßt sich auch zur Erarbeitung einer Textkritik aufstellen. Schon bei der Erschließung des Textes können sich Einwände gegen den Autor ergeben, die man spontan notieren sollte. Eine reichere Ernte kann man aber durch eine kritische Lektüre des Textes einbringen, indem man erneut gezielte Fragen an die Ausführungen des Autors richtet, diesmal aber in provozierenderer Form.

Fragemöglichkeiten zur Textkritik

- Ist der Text ausgewogen oder einseitig?
- Fehlen wichtige Gesichtspunkte zu dem Thema?
- Macht der Autor logische Fehler? Manipuliert er seine Leser?
- Sind die Thesen des Autors einsichtig begründet?
- Sind die Behauptungen des Autors richtig?
- Treffen die Beispiele zu? Sind sie gut gewählt?
- Ist der Stil dem Thema angemessen?
- Welche Meinung des Autors teile ich, welche nicht? Warum (nicht)?

Es kann nicht oft genug darauf hingewiesen werden, daß die Meinung des Autors und die Position des Schülers streng auseinandergehalten werden müssen. Bereits bei der Zusammenfassung des Textes kommt es oft vor, daß der Leser nicht weiß, wer nun diese oder jene Ansicht vertritt. Daher liegt es nahe, daß man durch die Verwendung bestimmter Verben oder durch Einschübe die Meinung des Textverfassers kenntlich macht. Eine kleine Auswahl solcher Möglichkeiten soll hier angefügt werden:

Verben:
Der Autor / Verfasser / Schriftsteller / Dichter / Journalist / Schreiber
- schreibt, stellt dar, äußert sich zu ..., legt dar, zeigt (auf), weist nach, beweist, argumentiert, folgert, schließt usw.
- X verdeutlicht seine Meinung / These / Behauptung / Ansicht durch ..., belegt ... durch Beispiele, macht auf ... aufmerksam, weist auf ... hin, geht auf ... ein, richtet die Aufmerksamkeit des Lesers auf ..., leitet daraus ab usw.

Einschübe:
- nach Meinung / Ansicht des Autors
- X zufolge, laut X
- wie X meint / glaubt / behauptet usw.

Diese Verben und Einschübe können natürlich auch verwendet werden, wenn man seine eigene Ansicht hervorheben will. Man sollte sich jedoch vor einem zu häufigen Gebrauch dieser sprachlichen Mittel hüten, da sich beim Leser schnell der Eindruck einer floskelhaften, überbetonten und aufdringlichen Darlegung einstellen kann.

3. Grundschema: Gliederung

Die Aufgabenstellung gibt bei der Texterörterung in der Regel die Gliederung vor, denn in den meisten Fällen werden zu dem Text selbst drei Aufgaben hinzugefügt, die somit die drei Bereiche im Hauptteil vorstrukturieren. Da oft eine Wiedergabe des Textes, eine Textkritik und die Darlegung der eigenen Meinung verlangt werden, zeichnet sich folgendes **Gliederungsschema** ab:

EINLEITUNG
Allgemeine Informationen zum Autor
Text: Anlaß, Datum, Textsorte, Hauptthema

HAUPTTEIL
1. Zusammenfassung des Textes
2. Textkritik: Beurteilung des Textes
3. Lösungen bzw. eigene Meinung

SCHLUSS
Kurze Zusammenfassung der Ergebnisse
Verdeutlichung der eigenen Meinung
Ausblick in die Zukunft, Lösungsmöglichkeiten

Die Art der **Aufgabenstellung** ist in den meisten Fällen nach folgendem Prinzip gestaltet:

1. Aufgabe
2. Aufgabe
3. Aufgabe

Name des Verfassers, Überschrift
Text (Name der Zeitung / Buchtitel, Datum, Ort, Seitenangabe)

Einzelne Teile einer solchen Aufgabenstellung können natürlich auch miteinander vertauscht sein, doch dies hätte keine grundlegenden Folgen für die Erarbeitung des Aufsatzes.

Die Anordnung und die Inhalte der drei Aufgaben unterliegen ebenfalls einem bestimmten Grundsatz, der in den allermeisten Fällen auch eingehalten wird. Deshalb läßt sich ein Schema rekonstruieren, auf das die **Formulierungen der Aufgaben** zurückgreifen:

1. Aufgabe (Textwiedergabe):
- Fassen Sie die Aussagen des Autors zusammen.
- Geben Sie die Hauptgedanken des Textes in eigenen Worten wieder.

2. Aufgabe (Textkritik):
- Setzen Sie sich mit den Aussagen des Autors kritisch auseinander.
- Nehmen Sie zu der Argumentation des Autors Stellung.

3. Aufgabe (Lösungen, eigene Meinung):
- Beurteilen Sie die vom Autor vorgeschlagenen Maßnahmen / Lösungen.
- Erörtern Sie die Problematik an Beispielen aus Ihrem eigenen Erfahrungsbereich.

Je nach Anforderung der einzelnen Aufgaben können Abweichungen von diesem Modell erforderlich werden. Es kann z.B. vorkommen, daß nicht der ganze Text, sondern nur Teilaspekte (etwa Ursachen oder Lösungsvorschläge des Autors) wiedergegeben werden müssen. Doch auch in diesem Fall empfiehlt es sich, das Wesentliche des Textes knapp zusammenzufassen, um möglichst den Zusammenhang, in dem die einzelnen Argumente stehen, herzustellen.

Eine andere Frage betrifft den Aufbau der **Textwiedergabe**. Die Argumente des Autors müssen nämlich nicht unbedingt der Reihe nach aufgeführt werden. In manchen Fällen kann es viel sinnvoller sein, einige Themenbereiche herauszugreifen und diesen verschiedene, im Text verstreute Gesichtspunkte unterzuordnen. Eine Abweichung von der Reihenfolge des Autors sollte jedoch begründet sein. Hingegen ist zu vermeiden, daß die einzelnen Meinungen des Autors sofort kommentiert werden. Die Trennung von Textwiedergabe und Textkritik sollte unbedingt eingehalten werden.

Ein anderes Problem ergibt sich bei der Frage, ob nicht **Textkritik** und eigene Meinung identisch seien, weil ja das, was man an einem Text zu kritisieren hat, den persönlichen Standpunkt schon selbst enthält. Dabei muß beachtet werden, daß eine Textkritik die Auseinandersetzung mit der Vorlage bedeutet, d. h. der Text sollte vom Inhalt, Aufbau, methodischen Vorgehen und von der Sprache her beurteilt werden. Außerdem fällt die Textkritik vielschichtiger aus als die Formulierung der eigenen Ansichten, denn diese beziehen sich lediglich auf den Inhalt und gehen über die Aussagen des Textes hinaus.

Die **Einleitung** einer Texterörterung sollte, im Gegensatz zur Problemerörterung, weniger zum Thema als vielmehr zum Text hinführen. Die wesentlichen Informationen zu diesem einführenden Teil sind meistens dem Text selbst beigegeben. Dort stehen in der Regel, entweder über oder unter dem Text, Angaben zum Verfasser, zum Anlaß, zum Datum und zum Erscheinungsort der Vorlage. Aus der Überschrift gehen oft zusätzlich die Textsorte und das Hauptthema hervor. Ab und zu ist der Schüler auf solche Hinweise dringend angewiesen, weil er nämlich mit dem Namen des Autors nichts verbinden kann. Trotzdem muß der Name des Verfassers in der Einleitung Erwähnung finden.

Die ganzen Informationen zu den Äußerlichkeiten des Textes lassen sich in einen **schematischen Einleitungssatz** zusammenfassen:

"In dem am ... in der ... (z. B. Name der Zeitung) erschienenen Artikel ... (Titel) nimmt der Journalist ... zu ... (Thema) Stellung."

Diese Formulierung enthält zwar alles, was in eine Einleitung gehört, überzeugt aber keineswegs durch Originalität. Deshalb sollte man sich auf bessere, interessantere Möglichkeiten besinnen. Der Aufsatz kann z. B. mit einer Frage oder einer provozierenden These zum Thema beginnen und danach erst mit dem Standardsatz fortfahren, so daß sich folgendes Modell vorschlagen läßt:

1. Frage / These zum Thema
2. Mustersatz: "Zu diesem Thema äußert sich auch der Journalist ... in seinem Artikel ... (Titel), der am ... in der ... (z. B. Name einer Zeitung) erschienen ist."

Auf diese Weise könnte man gut zum Hauptteil überleiten, in dem es ja zunächst um den Text geht.

Der **Schlußteil** sollte den Ausführungen des Hauptteils keine neuen Themen oder Argumente anfügen, sondern das Thema mit einigen allgemeinen Bemerkungen abschließen. Wenn auf weiterführende Möglichkeiten des Themas (z. B. Konsequenzen oder Ausblick in die Zukunft) hingewiesen werden soll, dann möglichst nur in genereller Form.

Es sei noch einmal daran erinnert, daß der zu besprechende Text nicht durch eine Überfülle von eigenen Meinungen erstickt werden darf. Auf ein ausgewogenes Verhältnis zwischen der Meinung des Autors und dem eigenen Standpunkt sollte großer Wert gelegt werden.

4. Themenbereiche

Die einer Texterörterung zugrunde liegenden **Texte** stammen aus Zeitungen, Zeitschriften oder Büchern. Es finden sich unter ihnen sowohl vollständige, inhaltlich in sich geschlossene Artikel als auch Ausschnitte bzw. Einzelkapitel. Selbstverständlich kann bei dem letzteren Fall von einem Schüler nicht die Kenntnis der übrigen Teile vorausgesetzt werden. Deshalb sind auch Textausschnitte in dieser Aufsatzart wie vollständige, abgerundete Texte zu behandeln.

Von der **Thematik** her sind die Inhalte dieser Texte mit der Problemerörterung zu vergleichen. Die Themenbereiche umfassen kulturelle, gesellschaftliche, politische und philosophische Fragen. Dabei steht jedoch weniger ein Detail- als vielmehr ein Grundlagenwissen im Vordergrund. Auf allzu spezielle Fachfragen hat man sich daher nicht einzustellen.

Zur Verdeutlichung sollen hier einige Themen der letzten Abituraufgaben stichwortartig aufgeführt werden:

- Wohlstand
- Städtebau
- Besitz und Eigentum
- Gegensatz Armut – Reichtum
- Survival-Training
- Tourismus
- Umweltzerstörung
- Leistungsgesellschaft
- Fragen der Lebensweise

Bevor man sich in der schriftlichen Abiturprüfung für die Texterörterung entscheidet, sollte man sich fragen, ob man den Text auch wirklich genau verstanden hat und ob man über die im Text dargelegte Problematik noch mehr weiß als das, was der Text selbst an Informationen enthält. Nicht nur ein gutes Textverständnis, sondern auch ausreichende Sachkenntnisse sind bei dieser Aufsatzart gefragt. Die Darstellung des eigenen Standpunktes kann sich zwar auf den Text stützen, sollte über diesen aber auch hinausführen.

5. Musterbeispiel

Aufgabe

- Geben Sie die Kerngedanken des Textes wieder.
- Setzen Sie sich kritisch – auch über den Text hinausgehend – mit dem vom Autor behaupteten Sachverhalt auseinander.
- Beurteilen Sie, ob die Kunst die ihr vom Autor in diesem Zusammenhang zugewiesene Aufgabe erfüllen kann.

Urs Widmer: Gefühle

Früher haben die Schäfer geschluchzt, die Geliebten haben sich im Abschiedsschmerz übereinandergeworfen, die Onkel haben sich geküßt, die Rivalen haben sich gestochen ... Die Schäfer von damals haben geschluchzt, geschrien, gegiftet, gelitten, gestöhnt, getreten, gestreichelt, gewiegt, getröstet, gepreßt, geflennt, gestorben.

Ich bin z. B. der Ansicht, daß unsere Vorfahren über eine Skala von Emotionen verfügten, über die wir allenfalls noch nachdenken, die wir aber längst nicht mehr nachfühlen können. Wir haben uns eingeschränkt, wir sind eingeschränkt worden, und das hat Gründe, die nicht in unserer Natur, sondern in der Entwicklung der Gesellschaft liegen. Das, was wir heute schon für einen Gefühlssturm halten mögen, ist ein kleines Bibbern, gemessen an dem, was noch denkbar ist und was vielleicht, real, einmal gewesen ist.

Die Normen der Ideologie, die die Industriegesellschaft wie einen Spray über uns zu sprühen versucht, verbieten uns die Gefühle. Seit der Mitte des 19. Jahrhunderts spätestens werden wir aufs Funktionieren abgerichtet. Wir haben uns auch längst damit abgefunden, wir sind auch schon der Ansicht, daß, wo es um Leistung geht, Gefühle nichts mehr zu schaffen haben. Die Gefühle werden, wenn sie nicht abzuschaffen sind, standardisiert. Sie sind nun nur mehr für die Freiheit da, sie werden in einer systematischen Kampagne für privat erklärt. Heftigere Formen der Gefühlsregung können als Krankheit diagnostiziert werden.

Die Drohung, daß die bestraft werden, die ihre Gefühle nicht auf den privaten Bereich beschränken, erweist sich als durchaus wirkungsvoll. Wir sind vorsichtig. Wir riskieren nichts auf dem affektiven Bereich, unsere Gefühle bewegen sich auf einem reduzierten Spektrum ...

Sie haben sich auf einer Bandbreite eingependelt, die so eng ist, weil wir selbst – eine Folge des fordernden Drucks der sogenannten Leistungsgesellschaft – nicht mehr imstande sind, eine breitere zu kontrollieren. Es ist die vorsichtige Mittellage ...

Die Schulen vermitteln uns die Bildung. Manche Formen des Denkens sind für das Funktionieren der Gesellschaft durchaus wichtig. Weil aber eine richtige Handhabung von Gefühlen fürs Funktionieren der Gesellschaft nicht unmittelbar gebraucht zu werden scheint, im Gegenteil, tut keine Schule etwas für die Bildung der Gefühle. Auch Gefühle können geschult werden. Daß Gefühle dann, wie Bildung, immer schon ein Privileg derer gewesen sind, die sie sich leisten konnten, ist noch lange kein Grund, auf sie verzichten zu wollen ...

Gefühle haben ist eines, Gefühle vermitteln ein zweites. Lautes Weinen vermittelt keinen Schmerz, sondern da weint nur jemand. Kunst könnte versuchen, unter anderem, uns vorsichtig über das soziale und individuelle Funktionieren von Gefühlen zu orientieren. Sie könnte z. B. versuchen, ein Stück öffentlicher Tabuisierung abzubauen, die im Interesse von Leuten liegt, die einen funktionierenden Menschen wollen.

Aus: Urs Widmer: Das Normale und die Sehnsucht. Zürich: Diogenes 1977

a) Hinweise zum Thema

Gefühle sind ein wesentlicher Bestandteil des menschlichen Daseins. Dennoch spielen emotionale Werte je nach Gesellschaftsordnung und Zeitalter eine unterschiedliche Rolle. Ein aufmerksamer Beobachter der gesellschaftlichen Vorgänge unserer Zeit wird sicher beurteilen können, welchen Stellenwert Gefühle im Augenblick einnehmen. Schon um einiges schwieriger wird ein Vergleich mit früheren Epochen, denn nur über Filme, Literatur oder theoretische Abhandlungen sind uns Informationen zu diesem Thema zugänglich. Aufgrund dieser Schwierigkeiten empfiehlt es sich, sich gründlich mit dem Text Widmers auseinanderzusetzen, anstatt Spekulationen oder haltlose Theorien aufzustellen. Zunächst soll hier der Autor des Buches "Das Normale und die Sehnsucht" vorgestellt werden.

Biographische Notiz

Urs Widmer, der Sohn des bekannten Schriftstellers und Übersetzers Walter Widmer, wurde am 21. 5. 1938 in Basel geboren. Er studierte Germanistik, Romanistik und Geschichte in Basel, Montpellier und Paris. Nach seiner Promotion zum Dr. phil. (1966) begann er eine Tätigkeit als Verlagslektor in Olten (Schweiz) und in Frankfurt. Die erfolgreiche Arbeit als Übersetzer und Literaturkritiker der Frankfurter Allgemeinen Zeitung ermöglichte es ihm, 1968 freier Schriftsteller zu werden. In demselben Jahr beteiligte sich Widmer an der Gründung des Verlags der Autoren. 1973 hielt er Vorlesungen an der Universität Frankfurt, die ihm einen Lehrauftrag angeboten hatte.

Urs Widmers Erzählkunst zeichnet sich durch viel Phantasie aus. In seinen zahlreichen Hörspielen, Dramen, Romanen und Kurzgeschichten bevorzugt der Schweizer Schriftsteller das Stilmittel der Ironie, um seine grotesken oder makabren Beschreibungen gegen realistische Darstellungen abzuheben. Sein von Einfallsreichtum und übermäßiger Genauigkeit geprägtes Werk entwirft vielmehr eine utopische Gegenwelt.

Widmer wurden mehrmals literarische Preise zuerkannt. Besonders zu erwähnen sind dabei der Preis der Schweizerischen Schillerstiftung (1975) und der Hörspielpreis der Kriegsblinden (1976). In chronologischer Reihenfolge seien hier die wichtigsten Werke Widmers aufgeführt:

1968 Alois (Erzählung)
1969 Wer nicht sehen kann, muß hören (Hörspiel)
1971 Die Amsel im Regen im Garten (Erzählung)
1972 Das Normale und die Sehnsucht (Essays und Erzählungen)

1973 Die lange Nacht der Detektive (Drama)
1974 Die Forschungsreise (Roman)
Sherlock Holmes letzter Fall (Drama)
1975 Schweizer Geschichten
1976 Die gelben Männer (Roman)
1981 Das enge Land (Roman)
1982 Die Liebesnacht (Erzählung)
1984 Die gestohlene Schöpfung (Märchen)

Das Buch "Das Normale und die Sehnsucht", dem unser Text "Gefühle" entnommen ist, erschien 1972 zum ersten Mal. Es enthält außer Erzählungen auch Essays und theoretische Abhandlungen.

b) Grobgliederung

Bei genauer Betrachtung dieser Abituraufgabe fällt auf, daß man zwar das für Texterörterungen übliche Aufbauschema im Hauptteil (Textwiedergabe – Textkritik – eigene Meinung) einhalten kann, gleichzeitig aber Gewichtsverlagerungen vornehmen muß. Aufgabe 1 ist eng auf den Text bezogen. Dagegen verlangt bereits die 2. Aufgabe sowohl eine Textkritik als auch eine Formulierung des eigenen Standpunkts. Diese Zweiteilung liegt auch in Aufgabe 3 vor, denn der Schüler sollte hier Widmers These zur Funktion der Kunst als Grundlage für seine eigene Stellungnahme benutzen.

Widmers Text "Gefühle" wurde zwar, wie die Auslassungspunkte andeuten, an mindestens vier Stellen gekürzt, dennoch scheint der Zusammenhang seiner Ausführungen dadurch nicht unterbrochen. Diese Feststellung ist umso wichtiger, als sich der Schüler bei der Gestaltung seines Aufsatzes fast ausschließlich auf den Text selbst stützen muß, weil er über die geschichtliche Entwicklung der Gefühle kaum gründliche Kenntnisse besitzen dürfte. Höchstens der Geschichts- und der Literaturunterricht können zu diesem Thema Ergebnisse liefern, die durch eine gute Allgemeinbildung noch ergänzt werden könnten.

Dem Schüler ist allerdings ein eigenständiges Urteil über die Rolle der Kunst zuzutrauen, obwohl Widmer dazu nur in einem kleinen Abschnitt Stellung bezogen hat. Dadurch erhält der Schüler ausgiebig Gelegenheit, eigene Erfahrungen und literaturtheoretisches Wissen zu verarbeiten.

Aus dem bisher Gesagten läßt sich folgende **Gliederung** für diese Texterörterung ableiten:

EINLEITUNG
- Urs Widmer: "Gefühle", Kapitel aus dem Buch "Das Normale und die Sehnsucht", erschienen 1977 in Zürich
- Hauptthema: Einschränkung der Gefühle durch die industrielle Entwicklung

HAUPTTEIL
1. Textwiedergabe: Kerngedanken des Textes
2. Textkritik: Kritische Auseinandersetzung mit Sachverhalt (nicht nur textbezogen!)
3. Eigene Meinung: Die Aufgabe der Kunst (+ Stellungnahme zu Widmers These)

SCHLUSS
- Gefühle und Umgang mit Gefühlen
- Gefühle und Kunst

Widmers Position läßt sich umso besser kritisieren, je mehr man an Gegenbeispielen oder Ergänzungen zu diesem Thema aufzubieten hat. Daher gilt es, für eine gründliche Materialsuche historische Kenntnisse, Erinnerungen an Geschichtsfilme und Bücher aus früheren Epochen zunutze zu machen. Die vorliegende **Stoffsammlung**, auf die auch der danach folgende Musteraufsatz zurückgreift, versucht einen Mittelweg zwischen Textarbeit und eigener Meinung aufzuzeigen.

c) Gegliederte Stoffsammlung

EINLEITUNG

Urs Widmer: Kapitel "Gefühle" aus dem Buch "Das Normale und die Sehnsucht", Zürich 1977
Thema: Zurückdrängen der Gefühle durch die industrielle Entwicklung

HAUPTTEIL

1. Textwiedergabe
1.1 Beispiele: Vielfalt der Gefühle in früheren Epochen
1.2 Widmers These
1.2.1 Unsere Vorfahren verfügten über viel mehr Emotionen als wir.
1.2.2 Durch die Entwicklung der Gesellschaft wurden unsere Gefühle eingeschränkt.
1.3 Entwicklung seit Mitte des 19. Jahrhunderts

1.3.1 Die Industriegesellschaft richtet die Menschen auf Leistung und Funktionieren ab.
1.2.2 Normen der Ideologie verbieten uns die Gefühle.
1.3.3 Gefühle werden abgeschafft, standardisiert, für privat erklärt oder als Krankheit diagnostiziert.
1.3.4 Die Menschen haben sich mit dieser Entwicklung abgefunden.
1.3.5 Drohung mit Strafen, wenn Gefühle nicht reduziert werden
1.4 Ergebnis dieser Entwicklung
1.4.1 Wirkung dieser Drohung: Vorsicht, kein Risiko
1.4.2 Einschränkung der Gefühle
1.4.3 Schulen tun nichts für Bildung der Gefühle
1.4.4 Richtige Handhabung von Gefühlen scheint nicht gebraucht zu werden.
1.4.5 Gefühle waren immer ein Privileg.
1.5 Aufgabe der Kunst
1.5.1 Vorsichtige Orientierung über das Funktionieren von Gefühlen
1.5.2 Abbau eines Stücks öffentlicher Tabuisierung

2. Textkritik
2.1 Widerlegung von Widmers These
2.1.1 Einseitige Auseinandersetzung mit Gefühlen früherer Epochen
2.1.2 Beispiele sind ironisch, provozierend und verallgemeinernd
2.1.3 Frühere soziale Verhältnisse widersprechen der These
2.1.4 Die Oberschicht und Gefühle
2.1.5 Notwendigkeit der Unterscheidung von Gefühlen und Gefühlsäußerungen
2.2 Argumente für Widmers These
2.2.1 Industriegesellschaft, Gefühle und Gefühlsäußerungen
2.2.2 Sachlichkeit im öffentlichen Leben
2.2.3 Privatheit von Gefühlen
2.2.4 Gefühlsarmut in unserer Zeit
2.2.5 Verdrängung von Gefühlen und ihre Folgen
2.3 Eigene Stellungnahme
2.3.1 Beispiele für das Vorhandensein von Gefühlen in unserer Zeit
2.3.2 Suche nach Gefühlserlebnissen und Gefühlsersatz

3. Gefühle und Kunst
3.1 Argumente für Widmers These zur Rolle der Kunst
3.1.1 Jugend, Schule und Kunst

SCHLUSS
- kein Mangel an Gefühlen in unserer Gesellschaft
- Leistungsdruck und falscher Umgang mit Gefühlen
- Kunst ist hilfreich, doch kein Allheilmittel.

d) Musteraufsatz

Urs Widmer: Gefühle

Gefühle spielen in unserer Gesellschaft keine Rolle mehr. Zu diesem Ergebnis gelangt Urs Widmer im vorliegenden Text, der in Auszügen dem Kapitel "Gefühle" des 1977 in Zürich veröffentlichten Buches "Das Normale und die Sehnsucht" entnommen ist. Widmer untersucht darin die Entwicklung der Gefühle vom 17. Jahrhundert bis in unsere Zeit.

Widmer beginnt seine Analyse mit einer Reihe von Beispielen, die die Vielfalt von Gefühlsregungen früherer Epochen belegen. Er stellt dann die These auf, daß unsere Vorfahren ein reicheres Gefühlsleben als wir besaßen, da unsere Emotionen durch die Forderungen der Industriegesellschaft immer stärker zurückgedrängt worden seien. Den Beginn dieses beklagenswerten Prozesses setzt Widmer in der Mitte des vorigen Jahrhunderts an. Seitdem habe die industrielle Entwicklung die Menschen auf Leistung und Funktionieren abgerichtet und ihre Gefühle verkümmern lassen, standardisiert oder als krankhaft verunglimpft. Durch die Androhung von Strafen wurden die Menschen gezwungen, sich mit diesen Tatsachen abzufinden und sie sogar zu akzeptieren.

Im vorsichtigen Umgang der Menschen mit ihren Gefühlen sieht Widmer das verhängnisvolle Ergebnis eines gefühlsfeindlichen Fortschritts. Die Äußerung von Emotionen ist seiner Meinung nach auf eine "vorsichtige Mittellage" beschränkt. Nicht einmal in der Schule werden laut Widmer die Bildung von Gefühlen und ihre sinnvolle Handhabung gefördert, obwohl Gefühle durchaus geschult werden könnten.

Von der Kunst erwartet Widmer die Fähigkeit, die verdrängten Gefühle aus ihrer gesellschaftlichen Verbannung zu befreien und der Menschheit ein reicheres, gefühlsbetonteres Leben vor Augen zu führen. Auf diese Weise wäre auch Leuten entgegenzuwirken, "die einen funktionierenden Menschen wollen".

Widmer scheint in seinem Text in knapper Form die Entwicklung der Emotionen seit dem 17. Jahrhundert nachzuzeichnen und dafür Gründe aufzuzeigen. Eine einseitige Auseinandersetzung ist jedoch unverkennbar: Der Versuch, die Gefühlsvielfalt der Menschen früherer Jahrhunderte am Gefühlsüberschwang von Schäfern, Geliebten, Onkeln und Rivalen nachzuweisen, wirkt durch die Auswahl der Personen und zwischenmenschlichen Beziehungen provozierend und ironisch, und dies ist wohl Absicht. Widmers Beispiele stellen bunt zusammengewürfelte, unrepräsentative Zeugnisse aus den unterschiedlichsten literarischen Werken früherer Epochen dar, die er unzulässigerweise als Belege für die reiche Gefühlswelt unserer Vorfahren verallgemeinert. Im letzten Satz des zweiten Textabschnitts schränkt Widmer mit einem "vielleicht" seine Behauptungen über die verlorene Gefühlswelt denn auch wieder ein. Es ist fraglich, ob die materielle Not, die verbreiteten Krankheiten und Seuchen, die hohe Sterblichkeitsrate, der Kinderreichtum und die übergroße Arbeitsbelastung zur Existenzsicherung den verschwenderischen Umgang mit Gefühlen in den breiten Schichten der Bevölkerung – repräsentiert durch die Schäfer – in früheren Zeiten zuließ. Im zweitletzten Textabschnitt gibt Widmer zu, daß Gefühle schon immer "ein Privileg derer gewesen sind, die sie sich leisten konnten": Wenn man die ungleichen gesellschaftlichen Verhältnisse vergangener Jahrhunderte in Betracht zieht, kann man sich nur schwer vorstellen, daß eine breite Skala von Gefühlsausbrüchen in allen sozialen Schichten vorhanden sein konnte. Das Duellieren von Rivalen, das Widmer anführt und das ein Privileg der Oberschicht war, bedeutet lediglich ein Kanalisieren von heute anders gehandhabten Aggressionen und das Bewahren eines steifen Ehrbegriffs, der Gott sei Dank in unserer heutigen Zeit als überkommen angesehen werden kann. Zum anderen bemühte sich gerade die adelige Oberschicht durch die Herausbildung strenger Hofsitten um eine Unterdrückung und Einschränkung von Gefühlsäußerungen. Widmer verallgemeinert bei seiner Betrachtung früherer Jahrhunderte allzu stark; er differenziert nicht zwischen den Gesellschaftsschichten und den Gelegenheiten, bei denen Gefühle gezeigt wurden.

Der hauptsächliche Mangel von Widmers Argumentation – dies kann nicht nachdrücklich genug betont werden – liegt in der fehlenden Unterscheidung zwischen den menschlichen Gefühlen, die wohl zu allen Zeiten die gleichen waren, und den Gefühlsäußerungen.

Das Schlaglicht, das der Autor auf die Industriegesellschaft wirft, gibt ihm zum großen Teil recht. In der Tat wird der Mensch im Arbeitsleben in seinen Gefühlsäußerungen eingeschränkt, und Widmer hat recht, daß das Leben in der Industriegesellschaft von der Grundschule bis zur Pensionierung stark auf Leistung ausgerichtet ist. Die Welt wurde aber dadurch nicht an Rivalen ärmer, die sich noch immer schlagen, nur mit anderen Mitteln. Auch mit der Feststellung, daß "heftigere Formen der Gefühlsregung" als krankhaft oder auch dekadent gewertet werden, hat Widmer recht. Leider verzichtet der Text auf eine Analyse der – z. B. gesellschaftlichen – Zusammenhänge solcher Gefühlsäußerungen und greift daher zu kurz.

Ist es aber so beklagenswert, daß im öffentlichen Leben ein sachlicher Ton herrscht? Wie oft beklagen wir uns nicht über Politiker, die diesen Umgang vermissen lassen, und wieviel Unheil hat in unserer jüngsten Vergangenheit nicht gerade das Heraufbeschwören dunkler Gefühlswelten und die Emotionalisierung des öffentlichen Lebens mit sich gebracht! Der demokratische und menschliche Umgang in Geschäftsleben und Politik fordert förmlich die Beschränkung auf eine bestimmte Bandbreite von Gefühlsäußerungen, eine emotionale "Mittellage", wie Widmer es nennt. Gefühlsäußerungen sind situationsabhängig. Es muß wiederum darauf hingewiesen werden, daß der Autor Gefühlsempfindungen und deren Äußerung vermischt. Widmer beklagt, daß Gefühle ins Private abgedrängt worden seien. Dazu ist zu sagen, daß Gefühle per definitionem privat sein müssen und es schon immer waren, weil sie sich innerhalb eines Individuums abspielen. Nur die Äußerung von Gefühlen kann diese an die Öffentlichkeit tragen.

In zunehmendem Maße wird heute die Gefühlsarmut bedauert. Die heutige Zeit scheint Widmer darin zu bestätigen: Nie zuvor wurden so viele alte Menschen in Heime abgeschoben, traten so viele psychische Krankheiten auf und waren so viele Menschen einsam. Sicherlich hängt dies mit den Forderungen der Industriegesellschaft zusammen. Sie zwang den Menschen zur Auflösung der Großfamilie, die den Alten, Kranken und Unverheirateten Geborgenheit und emotionale Bindung bot. Die Entwicklung des Sozialstaats war eine notwendige Folge davon und bietet uns die Möglichkeit, diejenigen Mitmenschen, die an der Leistungsgesellschaft nicht oder nicht mehr teilzunehmen imstande sind, aus unserer Mitte zu stoßen. Die Unterbringung alter und kranker oder behinderter Menschen in Heimen leistet der Neigung der mitten im Leben stehenden Zeitgenossen Vorschub, Krankheit und Tod emotional zu verdrängen. Sie ermöglicht uns auch, unsere Zeit mit scheinbar wichtigeren Dingen auszufüllen. Diese Gelegenheit stand den Menschen früherer Zeiten nicht offen. Aber hätten sie sie nicht auch genutzt, wenn sie sie gehabt hätten? Gerade diese emotionale Verdrängung der

Schattenseiten des Lebens, Alkohol- und Drogenabhängigkeit oder die in unserer Zeit gehäuft auftretenden seelischen Erkrankungen, sind doch förmlich ein Beweis für das unverminderte Vorhandensein von Gefühlen. Dennoch läßt sich nicht leugnen, daß die Überflutung des modernen Menschen mit Katastrophen, die uns die Medien täglich ins Haus liefern, zu einer gewissen Abstumpfung des Mitgefühls beiträgt. Niemand kann es sich leisten, sich bei übergroßem Leid zu sehr emotional zu engagieren, ohne selbst dabei psychisch zugrunde zu gehen. Doch zeigt nicht gerade das Echo breiter Teile der Bevölkerung auf Erdbeben, soziales Elend oder Hungersnöte und die überwältigende Spenden- und Hilfsbereitschaft am Beispiel der Afrikahilfe, daß es heute an Emotionen durchaus nicht mangelt?

Die Schwierigkeiten in den Beziehungen zwischen den Generationen sind ein weiteres Beispiel für das Vorhandensein nicht nur von Gefühlen, sondern auch für das Auftreten einer breiten Skala von Gefühlsäußerungen. Die familiären Beziehungen sind ein ausgezeichnetes Beispiel für die Widerlegung von Widmers These vom viel reicheren Gefühlsleben und dessen Ausbrüchen in früheren Epochen. Zweifellos sind die Gefühle aller Beteiligten damals und heute gleich, doch wurden bis in dieses Jahrhundert Reibereien zwischen den Generationen nicht zugelassen und autoritär unterdrückt. Von den Gefühlsausbrüchen der jungen Generation konnte keine Rede sein. An diesem Beispiel ist auch, nebenbei gesagt, leicht der Einfluß des gesellschaftlichen Wandels nicht auf die Gefühle, sondern auf die Gefühlsäußerungen abzulesen.

Vieles weist darauf hin, daß entgegen Widmers Unkenrufen Gefühle heute wieder hoch im Kurs stehen, z. B. im Wiedererstehen von Heimatliebe und Dialektliteratur oder auch im Suchen von Gemeinschaftserlebnissen wie im leistungsunabhängigen Breitensport, im Aufkeimen von Religionsgemeinschaften, in alternativen Lebensformen. Gleichwohl ist auch hier zu differenzieren: Sekten oder emotionsgeladene Familienserien im Fernsehen deuten auf ein Bedürfnis nach Gefühlsersatz und das Kanalisieren von fehlenden oder nicht erfolgreich verarbeiteten Gefühlen und Beziehungen hin.

Die letzten beiden Abschnitte widmet der Autor dem Problem der Gefühlsbildung in unserer Gesellschaft und fordert, bei der Förderung von Gefühlen bei der Jugend in der Schule anzusetzen. Leider bleibt er in allgemeinen Forderungen stecken, ohne auf die konkrete Realisierung seiner Ziele einzugehen. Widmer führt nur allgemein die Kunst an, durch die Gefühle und deren Ausdruck geschult werden könnten. Da aber die Behandlung von Literatur im herkömmlichen Deutschunterricht schon immer auf dem Lehrplan der Schulen stand, kann er sie nicht meinen. Die Schulung des literarischen Ausdrucksvermögens und

Rollenspiele oder die Schulung der schöpferischen Fähigkeiten in bildender Kunst und Musik könnten vielleicht in Widmers Sinne sein. Ob dies in Kunst mündet, darf angezweifelt werden, doch kann so verstandene Kunst ein Ausdrucksmittel für Emotionen sein, die anders nicht geäußert oder bewußt gemacht werden können. In der Psychotherapie werden diese Mittel schon seit langem eingesetzt. Wenn eine derartige Schulung jedoch etwas bewirken soll, so muß auch die Interpretationsfähigkeit des einzelnen herangebildet werden, denn was ist ein Sender ohne Empfänger. Dies setzt jedoch bereits psychologische Kenntnisse bzw. die Fähigkeit zur Selbsterkenntnis voraus, wenn es nicht nur als Ventil von Gefühlen zum Selbstzweck dienen soll. Eine solche Ausbildung von künstlerischem Ausdrucksvermögen könnte dennoch in vielen Fällen für das seelische Gleichgewicht des einzelnen von Vorteil sein und die Bandbreite von Gefühlsempfindungen durchaus fördern.

Dagegen überschätzt Widmer die Rolle der Kunst, denn nicht jedermann ist der Spaß und die Befähigung im Umgang mit ihren Gefühlen und die Beziehungsfähigkeit zu ihren Mitmenschen durch geschultes Personal beizubringen. Solange Schulpsychologen aber keine Selbstverständlichkeit sind und Lehrer gemäß ihrer Ausbildung und bedingt durch die Klassenstärken derartige Erziehungsaufgaben nicht leisten können, bleiben sie nach wie vor der häuslichen Erziehung anheimgestellt. Wie sich an der von Widmer kritisierten Situation zeigt, sind die Eltern in vielen Fällen ebenfalls überfordert, so daß wohl in Zukunft alles beim alten bleiben wird.

Wichtig wäre in diesem Zusammenhang, was der Autor im letzten Satz des Textes anspricht: Es gilt, gesellschaftliche Tabus im Bereich der Gefühle abzubauen, die in unserer Erziehung noch immer eine große Rolle spielen, wie z. B. der Zwang, das Gesicht in jeder Lebenslage zu wahren, Erfolgsdruck standzuhalten oder die falsche Auffassung vom starken Mann, der keine Gefühle zeigt. Aus den unterdrückten Emotionen resultieren seelische Erkrankungen, Alkoholismus und Drogenabhängigkeit.

Unsere heutige Zeit leidet – entgegen Widmers Behauptung – weniger an Gefühlsarmut als vielmehr, und darin ist ihm zuzustimmen, am gesellschaftlich bedingten Leistungsdruck, dem nicht jeder gleich gut gerecht wird, und an der Unfähigkeit, mit Gefühlen richtig umzugehen. Die Kunst kann, je nach Persönlichkeit, zu einer Verbesserung der Situation beitragen, doch ist sie kein Allheilmittel, und vor allen Dingen hilft sie nicht jedermann.

e) Alternativen, Ergänzungen

Der vorliegende Aufsatz bemüht sich um eine differenzierte Auseinandersetzung mit Widmers Text. Im Mittelpunkt steht dabei der Versuch, die Abhängigkeit der Gefühle von den gesellschaftlichen Rahmenbedingungen aufzuzeigen und von diesem Standpunkt aus die Darlegungen des Autors zu kritisieren. Selbstverständlich sind weitere Einwände denkbar:

Da Widmer in den ersten beiden Textabschnitten, ohne Beispiele zu nennen, von literarischen Zeugnissen vergangener Epochen ausgeht, könnten Gegenbeispiele gesucht werden. Insbesondere könnte man auch auf die Zusammenhänge zwischen Gesellschaftsordnung und Geschichte einerseits und der Modeerscheinung der schmelzenden Darbietung von Gefühlen andererseits eingehen. Als Beispiel sei hier der Vergleich zwischen Goethes "Die Leiden des jungen Werther" und Plenzdorfs "Die neuen Leiden des jungen W." genannt.

Bei der Betrachtung des Industriezeitalters könnten die Bedingungen des Arbeitslebens genauer untersucht werden: Leistungsdruck, Streß, Zeitmangel, die Situation am Arbeitsplatz sowie das Alltagsleben der Arbeiter spielen dabei eine wichtige Rolle. Zu einem Vergleich mit der Gefühlswelt vergangener Zeiten eignet sich vor allem die Verdeutlichung an verschiedenen Lebensbereichen.

Dazu gehören:
- die politische Gesamtsituation der Welt
- der Staat: Verhältnis Machthaber – Untertan
- Lebensverhältnisse in Stadt und Land
- Familienstrukturen
- Berufsleben: Produktionsbedingungen, Arbeitsweise
- Freizeit: Möglichkeiten, Beteiligung, Zeitanteil
- zwischenmenschliche Beziehungen.

Die Einbeziehung neuer Tendenzen und Modeerscheinungen kann überdies eine andere Sicht der Dinge herbeiführen. Emotionalen Werten wie Gemütlichkeit, Heimatverbundenheit oder Nationalstolz kommt immer wieder eine unterschiedliche Bedeutung zu.

Besonders interessant könnte es sein, sich Gedanken über die Strafen zu machen, die uns laut Widmer angedroht werden, falls wir nicht bei unseren Gefühlsäußerungen die "vorsichtige Mittellage" wahren. Welche Sanktionen verhängt die Gesellschaft bei der Verletzung von Normen im emotionalen Bereich? Verschiedene Formen des Widerstands, des Protests, der Verweigerung, aber auch der Freudensbekundung am falschen Platz müßten dabei analysiert werden. Ein entsprechender Vergleich mit früheren Zeitaltern würde auch auf diesem Gebiet eindrucksvolle Ergebnisse hervorbringen. Ein Urteil über die Funktion der Kunst bei der Bildung von Gefühlen wird in starkem Maße von individuellen Voraussetzungen geprägt sein. Die Beschäftigung mit verschiedenen Kunsttheorien kann dabei die ganze Problematik entscheidend vertiefen.

Alles in allem dürfte eine Erörterung des Themas "Gefühle" stark von den persönlichen Erfahrungen und Lebensbedingungen des Schreibers abhängen.

III. Textanalyse (Analyse eines nicht-literarischen Textes)

1. Einführung

Jeden Tag begegnen uns Texte, die uns informieren, überzeugen oder überreden wollen. Artikel in Zeitungen oder Zeitschriften, viele Werbebroschüren und Prospekte, die uns ständig ins Haus flattern, nehmen in unserer Tageslektüre einen breiten Raum ein. Mit solchen Sach- und Gebrauchstexten beschäftigt sich die Textanalyse, wobei es hauptsächlich auf die inhaltliche und sprachliche Untersuchung der Textbeispiele ankommt. Es liegt auf der Hand, daß die Analyse von psychologischen Strategien oder sprachlichen Mitteln zur Beeinflussung des Lesers uns im Umgang mit der Werbung oder mit verschiedenen Medien sicherer macht. Die Kenntnis einiger wichtiger inhaltlicher und sprachlicher Methoden wird außerdem eine gute Grundlage für das wissenschaftliche Arbeiten an Universität und Hochschule sein.

Um die zahlreichen **Arten der Gebrauchstexte** zu ordnen, kann man, je nach Inhalt und Ziel, eine Unterteilung in zwei größere Gruppen vornehmen:

	Textsorten	**Ziele**
1. Darstellende Texte	Artikel in Fach- und Sachbüchern Beschreibung, Bericht, Protokoll Nachricht, Reportage Kommentar, Glosse Brief: Leserbrief, Geschäftsbrief Interview, Aufsatz, Facharbeit	Information, Belehrung, Überzeugung, Aufklärung oder Mitteilung
2. Appellative Texte	Werbung, Annonce Rede: allgemeine (politische) Rede, Wahlrede, Propagandarede Aufruf, Flugblatt	Aufforderung oder Überredung

Obwohl man viele Gebrauchstexte eindeutig gegeneinander abgrenzen kann, kommen immer wieder Beispiele vor, die Mischformen darstellen. Die Bestimmung der Textsorte müßte in diesem Fall durch eine Umschreibung oder die Neuschöpfung eines Begriffes erfolgen. Im allgemeinen werden im schriftlichen Abitur aber Texte vorgelegt, die der Schüler erkennt, wenn er die wichtigsten Textsorten unterscheiden kann.

Bedingt durch die Art und Herkunft der Gebrauchstexte stehen bei der Textanalyse allgemeine politische, soziale, wirtschaftliche oder kulturelle Probleme zur

Debatte. Von dem Schüler wird aber, im Gegensatz zur Texterörterung, weniger eine inhaltliche Auseinandersetzung mit der Thematik als vielmehr eine genaue Untersuchung der Argumentationsweise des Autors und der von ihm dafür eingesetzten Mittel verlangt.

Infolgedessen besteht die Hauptgefahr bei der Textanalyse darin, daß man sich mit dem Text nicht genügend befaßt und zu einer eigenen Stellungnahme ansetzt. Diese ist aber weniger gefragt als eine durch eine gründliche Analyse zustande kommende Bewertung der Textvorlage. Dabei können durch eine falsche Bestimmung der Textsorte erste entscheidende Fehler unterlaufen.

Für die Bewertung einer guten Textanalyse kann man folgende **Richtlinien** zugrunde legen:

- Erkennen der Textsorte
- genaues Textverständnis
- intensive Erarbeitung des Textes
- sichere Beherrschung der wichtigsten Methoden einer inhaltlichen und sprachlichen Texterschließung
- Erkennen der Ziele und der Wirkungsabsicht des Autors
- eigenständiges Urteil zur Bewertung des Textes
- gute Sachkenntnis zum Thema
- angemessener sachlicher Sprachstil (+ Beherrschung der wichtigsten Fachbegriffe).

2. Methodisches Vorgehen

Der Vorteil einer Textanalyse besteht darin, daß die meisten Methoden für die Texterschließung erlernbar sind, so daß schon aufgrund einer überlegten Vorgehensweise die Voraussetzungen für eine gute Leistung geschaffen werden.
Im einzelnen sollte man folgende Arbeitsschritte unternehmen:

a) Erstellung einer Grobgliederung

Nachdem man die Textvorlage und die dazu gehörenden Aufgaben genau gelesen hat, sollte man den Aufbau der Textanalyse allgemein festlegen. In den meisten Fällen werden die drei Aufgaben den drei Kapiteln im Hauptteil entsprechen.

b) Strukturierung des Textes

Nun sollte man den Text abschnittweise durcharbeiten und die Hauptgedanken in Stichworten niederschreiben. Erfaßt man den Aufbau des Textes durch die Verwendung von Zahlen und Buchstaben, so läßt sich dadurch der Gedankengang des Autors leichter nachvollziehen.

c) Inhaltsanalyse

Diesem allgemeinen Textverständnis kann sich jetzt eine genauere Arbeit am Text anschließen. Mit Hilfe eines Fragenkatalogs, der Aufbau, Absicht und Argumentationsweise des Textes erschließt, lassen sich inhaltliche Besonderheiten herausstellen.

d) Sprachanalyse

Ähnliche Musterfragen kann man auch für die Auflistung der sprachlichen Merkmale heranziehen. Auch bei diesem Vorgehen werden die Ergebnisse stichwortartig notiert.

e) Geordnete Stoffsammlung

Das durch die vorigen Arbeitsschritte gesicherte Material könnte man durch eine gute Vorplanung bereits strukturieren. Ist dies noch nicht geschehen, nimmt man eine kritische Sichtung der Ergebnisse vor und legt eine an der Grobgliederung orientierte Stoffsammlung an. Dabei sollte man besonders auf die Beziehungen zwischen inhaltlichen und sprachlichen Merkmalen achten.

f) Niederschrift

Nach diesen Vorarbeiten kann die geordnete Stichwortsammlung ausformuliert werden. Vor allem die Einleitung und der Schlußteil sollten aber noch einmal sorgfältig auf ihren Inhalt hin überprüft werden.

Dem Namen entsprechend kommt bei der Textanalyse der Untersuchung des Beispieltextes eine zentrale Bedeutung zu. Die Aufgabenstellung gibt dabei die Anweisungen, wie man mit dem Text umzugehen hat.

Eine inhaltliche und sprachliche Analyse wird jedoch stets gefordert. In vielen Fällen wird sogar nach der Wirkung der im Text vorkommenden Besonderheiten gefragt, und manchmal ist auch zu zeigen, wie die sprachlichen Mittel die inhaltliche Aussage des Textes verstärken. Für diese Aufgabe lassen sich Fragemöglichkeiten formulieren, die man mit entsprechenden Abänderungen immer wieder auf die einzelnen Texte beziehen kann.

Fragenkatalog für die Inhaltsanalyse

- Um welche Textsorte handelt es sich?
- Welche Absicht verfolgt der Autor mit seinen Ausführungen?
- Wie beurteilt er die dargestellte Problematik? Woran kann man seine Einstellung erkennen?
- Wie argumentiert der Autor? Wodurch unterstützt er seine Behauptungen?
- Welche Beispiele führt der Autor an?
- Welche Lösungen schlägt er vor? Wovon leitet er seine Vorschläge ab?
- Woher bezieht er seine Informationen?
- Wie schätzt er seine Ansprechpartner ein?
- Welche Vorkenntnisse setzt er bei seinem Publikum voraus?

Fragenkatalog für die Sprachanalyse

Form und Aufbau:
- Wie ist der Text gegliedert? In welchem Verhältnis stehen die einzelnen Abschnitte zueinander?
- Welche optischen Mittel setzt der Autor ein? Wozu dienen sie?
- Welche Beziehung besteht zwischen Text und Überschrift?
- Wie verläuft die Entwicklung des Themas? Wie sind die Beispiele im Text verteilt?

Satzbau:
- Welche Satzarten verwendet der Autor?
- Wie baut er seine Sätze auf? Sind die Sätze vollständig?
- Welches Verhältnis besteht zwischen Haupt- und Nebensätzen?

Wortschatz:
- Welche Wortarten bevorzugt der Autor?
- Aus welchen Bereichen wählt er seine Wörter?
- Wie läßt sich die Wortwahl (oder der Sprachstil) kennzeichnen?
- Welche Fremdwörter kommen in dem Text vor? Warum benutzt sie der Autor?
- Welche rhetorischen Figuren setzt der Autor ein? Zu welchem Zweck?

Wie bereits einige Doppelfragen in diesem Musterkatalog zeigen, geht es nicht nur darum, die sprachlichen Mittel in einem Text aufzuspüren und zu benennen, sondern sie auch nach ihrem Zweck und ihrem Verhältnis zum Inhalt zu hinterfragen. Eine Textanalyse gewinnt dadurch, daß sie erklären kann, wie die Gesamtwirkung des Textes zustande kommt. Dazu ist eine sorgfältige Detailarbeit notwendig, die allerdings die Ganzheit des Textes nicht aus den Augen verlieren darf.

Wenn auch eine gründliche Textarbeit und die einsichtige Darstellung der Ereignisse im Mittelpunkt der Textanalyse stehen, so sollte man doch die **sprachliche Gestaltung** des Aufsatzes nicht vernachlässigen. Besonders bei der Inhaltsanalyse kann man feststellen, daß oft die erforderliche Abwechslung im sprachlichen Ausdruck fehlt. Um diese Schwächen zu verbessern, kann man eine Reihe von Verben benutzen, die bei der Niederschrift nicht nur zu stilistischer Vielfalt beitragen, sondern auch inhaltliche Differenzierungen ermöglichen.

Verben für darstellende Texte

Der Autor / Verfasser / Schreiber / Schriftsteller / Redner
- meint, schreibt, behauptet, stellt fest, argumentiert
- unterstreicht, verdeutlicht, hebt hervor, betont
- nimmt an, vermutet, glaubt, setzt voraus, geht davon aus
- beweist, begründet, erklärt, legt dar, belegt, erläutert, erörtert, diskutiert, bespricht
- folgert, schließt, kommt zu dem Ergebnis
- gibt zu, räumt ein, gesteht, stimmt zu, sieht ein
- bezweifelt, kritisiert, wendet ein, merkt an
- zitiert, stützt sich auf, beruft sich auf, bezieht sich auf, greift auf ... zurück

Verben für appellative Texte

Der Autor / Verfasser / Schreiber / Schriftsteller / Redner
- wendet sich an, appelliert an, richtet sich an, spricht an, ruft auf, fordert auf, legt nahe
- (er)bittet, wünscht, verlangt, fordert, befiehlt
- überredet, beeinflußt, manipuliert
- dankt, lobt, unterstützt, ermutigt, ermuntert, erkennt an, akzeptiert, schmeichelt
- provoziert, entmutigt, setzt herab, wertet ab, versagt die Anerkennung
- verteidigt sich, verzeiht, entschuldigt, nimmt zurück, widerruft, lenkt ein

3. Grundschema: Gliederung

Die Gliederung einer Textanalyse hängt stark von der Art der Aufgabenstellung ab. Dennoch kann man ein Grundmuster für die meisten Themen dieser Aufsatzart erstellen, da immer wieder dieselben Elemente vorkommen, die allerdings variiert werden können. Im allgemeinen kann man eine kurze Wiedergabe des Textinhaltes sowie eine Sprach- und Inhaltsanalyse erwarten. Außerdem kann nach der Intention, der Wirkung, der Zielgruppe und der Aktualität der Thematik gefragt werden. Ab und zu wird auch die Beschreibung des historischen Hintergrunds, besonders bei berühmten politischen Reden, verlangt. Der Schüler sollte nicht nur den Text entsprechend der Fragestellung genauestens analysieren, sondern auch eine allgemeine Bewertung der Textvorlage abgeben.
Ein **Gliederungsschema** für die Textanalyse könnte folgendermaßen aussehen:

EINLEITUNG

Informationen zum Text:
Name des Autors, Textsorte; Hauptthema, Intention
Zeitumstände/Daten zum Text; Zielgruppe

HAUPTTEIL

1. Inhalt und Aufbau des Textes
   Zusammenfassung des Inhalts
   Formale Merkmale: Aufbau des Textes, Verhältnis Titel – Text, optische Mittel
2. Inhalts- und Sprachanalyse
   Inhalt: Problematik, Argumentationsweise, Position des Autors, Beziehung zu seiner Zielgruppe
   Sprache: Satzbau, Zeitform, Wortwahl, Sprachebene, rhetorische Figuren
   Zusammenhang zwischen inhaltlichen und sprachlichen Merkmalen
3. Bewertung des Textes
   Beurteilung der Wirkung des Textes
   Bestimmung der Zielgruppe

SCHLUSS

- Allgemeine Bewertung: der Autor und seine Intention, die Art seiner Argumentation
- Beurteilung des ganzen Textes

Auch für die **Aufgabenstellung** lassen sich Muster entwerfen, von denen sich die Abituraufgaben oft nur durch geringe Abweichungen unterscheiden:

1. Aufgabe (Inhalt und Aufbau des Textes):
Geben Sie den Inhalt des Textes in eigenen Worten wieder, und ermitteln Sie die Intention des Autors.

2. Aufgabe (Inhalts- und Sprachanalyse):
- Untersuchen Sie die inhaltlichen und sprachlichen Mittel, die der Autor zur Unterstützung seiner Aussage verwendet.
- Bestimmen Sie die sprachlichen und formalen Mittel, und zeigen Sie deren Wirkung auf.

3. Aufgabe (Bewertung des Textes):
- Beurteilen Sie auf dem Hintergrund der historischen Situation die Wirkung dieses Textes.
- Charakterisieren Sie die Zielgruppe, und beurteilen Sie – davon ausgehend – die Wirksamkeit des Textes.

Wie diese Musteraufgaben zeigen, können einzelne Elemente auch an anderen Stellen auftauchen, als dies in dem Gliederungsschema angegeben ist. Deshalb sollte man die Aufgabenstellung gründlich durchlesen und danach eine Gliederung in Anlehnung, aber nicht in blindem Gehorsam, an unser Gliederungsschema erstellen.

Für die **1. Aufgabe** wird außer einer kurzen Inhaltswiedergabe meistens eine zusätzliche Forderung gestellt. Es kann sich dabei um die Bestimmung der Textsorte, der Intention, der Zielgruppe oder auch um die Beschreibung formaler Merkmale handeln.

Die **2. Aufgabe** weicht nur selten von einer Sprach- und Inhaltsanalyse ab. Manchmal wird deutlich betont, daß die sprachlichen Besonderheiten im Hinblick auf ihre Wirkung oder auf ihr Verhältnis zur inhaltlichen Darstellung untersucht werden sollen. Zusätzlich kann eine Formanalyse gefordert werden.

Bei der **3. Aufgabe** können größere Variationen auftreten. Häufig wird man zwar um eine allgemeine Bewertung des Textes gebeten, doch die Aufgabe kann auch präziser formuliert sein. In diesem Fall zielt die Frage oft auf die Bestimmung der Zielgruppe oder die Wirkung des Textes ab. Eine Darstellung der historischen Situation kann ebenso verlangt werden wie eine persönliche Einschätzung des aktuellen Textbezugs.

Ähnlich wie bei der Texterörterung kann auch bei der Textanalyse die **Gesamtgestaltung der Aufgabe** in einem Schema wiedergegeben werden:

1. Aufgabe
2. Aufgabe
3. Aufgabe

Autor: Titel
Text (z. B. Werbetext oder Rede)
Quellenangabe: Zeitung / Buchtitel, Datum, Erscheinungsort, Erscheinungsjahr, Seitenzahl

Gerade für die **Einleitung** nehmen die Quellenangabe und die weiteren Informationen zum Text einen hohen Stellenwert ein. Die einführenden Sätze einer Textanalyse sollen nämlich die Zeitumstände und den Anlaß zur Entstehung des Textes, den Autor und seine geistige oder politische Haltung, die Textsorte, den Erscheinungsort und das Erscheinungsjahr des Textes sowie das Hauptthema kurz beschreiben. Allerdings darf noch nicht mit der eigentlichen Analyse begonnen werden. Die Einleitung hat lediglich zum Text so hinzuführen, daß das Interesse des Lesers für die weitere Lektüre wachgerufen ist.

Demgegenüber rundet der **Schlußteil** den Aufsatz mit einer kurzen Zusammenfassung der Ergebnisse oder einer allgemeinen Bewertung des Textganzen ab. Man kann dabei auf die Intention des Autors, die Wirkung des Textes und / oder auf die Aktualität des Themas eingehen. Die Schlußbemerkungen können also auch sehr persönlich gehalten werden, wobei man aber nicht zu weit vom Text abschweifen sollte.

4. Fachbegriffe

Ohne die sichere Beherrschung einiger wichtiger Fachausdrücke kann eine Textanalyse nicht erfolgreich bewältigt werden. Wer gewisse, im Text vorkommende Phänomene oder Merkmale mit den entsprechenden Begriffen benennen kann, stellt nicht nur seine Sachkenntnis unter Beweis, sondern hebt auch das Niveau seiner Ausführungen. Besonders für die Kennzeichnung sprachlicher Besonderheiten sind Fachbegriffe erforderlich. Aus der Vielfalt der Terminologie können wir hier natürlich nur eine begrenzte Anzahl der wichtigsten Ausdrücke vorstellen.

a) Satzbau

Begriff	Definition	Beispiel
Parataxe (parataktischer Satzbau)	Satzreihung: Nebeneinanderstellung von ähnlichen Hauptsätzen	Die Kutsche kam an. Der Herzog stieg aus. Das Fest begann.
Hypotaxe (hypotaktischer Satzbau)	Satzgefüge: Aneinanderreihung von Haupt- und Nebensätzen	Als der Mann, der sehr betrunken war, aus der Gaststätte trat, stürzte er.
Satzarten	a) Aussagesatz b) Ausrufesatz c) Aufforderungssatz, Befehlssatz d) Fragesatz: Entscheidungsfrage Ergänzungsfrage	Der Zug kommt an. Hier hat man doch keine Ruhe! Verlassen Sie sofort das Lokal! Kommst du heute zu uns? Wann kommst du?
Inversion	Umstellung der normalen Wortfolge	Aufwärts geht es nun!
Ellipse	verkürzter Satz (durch Auslassung von Wörtern)	Was nun? (für: Was machen wir nun?)
Parenthese	Einschub eines Satzes oder einer Wortfolge in einen Satz (Trennung durch Gedankenstrich)	Dieses Gesetz – das haben wir immer gefordert – muß verbessert werden.
Parallelismus	gleichartige Satzkonstruktion	Lang war der Weg, kurz war der Kampf.
Chiasmus	Überkreuzstellung, spiegelbildliche Vertauschung der Wortstellung	"Die Kunst ist lang, und kurz ist unser Leben." (Goethe: Faust I)

b) Rhetorische Figuren

Begriff	Definition	Beispiel
Allegorie	bildhafte Darstellung eines abstrakten Begriffes	Waage (Bedeutung: Gerechtigkeit!) Knochenmann mit Sense (Bedeutung: Tod)
Alliteration	Stabreim: gleiche Buchstaben im Wort- oder Silbenanfang	bei Wind und Wetter mit Kind und Kegel
Anapher	Wiederholung gleicher Satzanfänge	Wie herrlich leuchtet die Natur! Wie glänzt die Sonne! Wie lacht die Flur! (Goethe: Mailied)

Begriff	**Definition**	**Beispiel**
Anspielung	(versteckter) Hinweis auf eine Person, einen Sachverhalt oder eine Begebenheit	"Ich will nichts anderes jetzt sein als der erste Soldat des Deutschen Reiches." (Hitler-Rede, 1.9.1939: Anspielung auf Friedrich den Großen: "der erste Diener des Staates")
Antithese	Gegenüberstellung, Gegensatz	gut und böse, arm und reich Des einen Sieg ist des anderen Niederlage.
Archaismus	veralteter Ausdruck	Jungfer (statt: Mädchen) Zu welchem Behufe? (statt: Warum? Zu welchem Zweck?)
Emphase (emphatischer Wortgebrauch)	Betonung, Nachdruck: besondere Hervorhebung eines Wortes	Oh, Kinder, Kinder – es ist zum Verzweifeln! Ich würde so etwas nie tun!
Euphemismus	beschönigender oder verharmlosender Ausdruck!	entschlafen (statt: sterben) beseitigen (statt: umbringen)
Hyperbel	Übertreibung	Er hat Hände wie ein Pflug. Er ist fuchsteufelswild.
Ironie	das Gegenteil dessen, was gemeint ist	Du bist mir vielleicht ein Held!
Klimax	stufenweise Steigerung einer Aussage	Für diese Arbeit brauchen wir ja Wochen, Monate, Jahre!
Lautmalerei (Onomatopoesie)	den Klang oder den Naturlaut einer Sache nachahmende Wörter	knistern, klirren, knarren, Kikeriki! Kuckuck!
Metapher	bildhafter Ausdruck	Dieser Politiker ist ein Fuchs. Sein Redefluß war nicht zu bremsen.
Neologismus	Wortneuschöpfung, Neubildung eines Wortes	Petitesse (statt: Kleinlichkeit) Kaputtnik (aus: kaputt + Sputnik)
Paradox	scheinbarer Widerspruch	Das Leben ist der Tod, und der Tod ist das Leben.
Periphrase	Umschreibung eines Begriffs, eines Gegenstands oder einer Eigenschaft	das Auge des Gesetzes (statt: Polizei)
Personifikation (personifizieren)	Vermenschlichung von Gegenständen oder von abstrakten Begriffen	Mutter Natur Das Auto wollte nicht auf mich hören.

Begriff	**Definition**	**Beispiel**
Refrain	ständig wiederkehrender Reim (vor allem bei Liedern)	"Herrliche Berge, sonnige Höhen, Bergvagabunden sind wir, ja wir." (Lied: Wenn wir erklimmen)
Rhetorische Frage	Scheinfrage: eine Frage, deren Antwort schon vorgegeben ist	Bin ich vielleicht dein Diener?
Sarkasmus	zu Hohn und Spott gesteigerte Ironie	"Und wird uns der ganze Verlag verboten, So schwindet am Ende von selbst die Zensur." (Heine: Bei des Nachtwächters Ankunft zu Paris).
Slogan	Schlagwort: Wörter, die in treffender Form ein (politisches) Programm verkürzt wiedergeben	Volk ohne Raum entartete Kunst
Superlativ	Wort in Steigerungsform	der heiligste Krieg unser bester Mann
Symbol	Sinnbild, konkrete Bezeichnung mit abstrakter Bedeutung	In dem Dorf war finstere Nacht. (1. Tageszeit, 2. Rückständigkeit)
Synonym	sinnverwandtes Wort, Wort mit vergleichbarer Bedeutung	der Lauf – das Rennen Kopf – Haupt
Understatement	Unterbewertung: ironische Herabsetzung	Goethe war ein ziemlich guter Dichter.
Vergleich	bildhafter Hinweis auf einen Bereich (Vergleichswort: wie)	Er hat Augen wie ein Luchs. Sie weint wie ein Kind.
Wortspiel	geistreiches Spielen mit Ausdrücken, um eine witzige Wirkung zu erzielen	"Es ahndet nicht so ein junger <u>Maulheld</u>, Warum der Mensch am End das <u>Maul hält</u>." (Heine: An den Nachtwächter)

Zur besseren Beschreibung der Wortwahl oder des Sprachstils stehen noch einige wichtige Begriffe zur Verfügung, die eine allgemeine Bewertung eines Textes erleichtern:

Nominalstil: übermäßiger Gebrauch von Substantiven (besonders in der Behördensprache: "Amtsdeutsch")
Beispiel: Das Nichtbefolgen der Anordnung wird unter Strafe gestellt.

Verbalstil: häufiges Vorkommen von Verben
Beispiel: Die Mannschaft stürmte, berannte das Tor des Gegners und erzielte nacheinander fünf Tore.

Es empfiehlt sich, neben Substantiven und Verben auch auf den häufigen Gebrauch anderer **Wortarten** (z. B. Adjektive, Adverbien oder Pronomen) zu achten, weil dadurch manche Eigentümlichkeiten eines Textes erfaßt werden können.

In den letzten Jahren nahm der Gebrauch vieler **Fachsprachen** und **Sondersprachen** zu, was vor allem in Texten zum Ausdruck kommt, die sich an fach- oder gruppenspezifische Zielgruppen wenden. Wenn man genaue Stiluntersuchungen vornimmt und dabei besonders auf **Schlüsselwörter**, also auf wichtige, oft mehrmals verwendete Wörter, achtgibt, kann man die jeweilige **Sprachebene** charakterisieren. Folgende Sprachniveaus lassen sich dabei unterscheiden:

- naiver Stil (Kindersprache)
- einfacher Stil (Alltagssprache)
- gehobener Stil (anspruchsvolle Sprache)
- gewählter Stil (ausgefeilte Sprache)
- poetischer Stil (dichterische Sprache)
- antiquierter Stil (veraltete Sprache)

Diese verschiedenen Sprachebenen können aufgrund der Wortwahl und der Ausdrucksweise des Verfassers erschlossen werden. allerdings können auch Stilmischungen oder (beabsichtigte bzw. ungewollte) **Stilbrüche** einen Text verwirrender oder auch interessanter gestalten. Eine Auseinandersetzung mit dem Sprachstil macht sich auf jeden Fall bezahlt, denn mit der Bestimmung der Sprachebene läßt sich oft das intellektuelle Niveau eines Autors festlegen.

5. Musterbeispiel

Aufgaben

- Erläutern Sie, in welcher Situation und aus welchem Anlaß die Rede gehalten wird und welche Absicht der Redner verfolgt.
- Beschreiben Sie den Argumentationsgang der Rede und untersuchen Sie den Einsatz der sprachlichen Mittel.
- Beurteilen Sie die Wirkung dieser Rede im Hinblick auf die Verhältnisse von 1945.
  Welche Bedeutung messen Sie ihr heute zu?

Friedrich Wolf: Zur Eröffnung des Nürnberger Prozesses

Meine Landsleute! Gerade angesichts des großen "Nürnberger Prozesses" wurden hier und da Stimmen laut: "Wir wollen die ewige Schuldfrage nicht mehr hören! Wir stellen einfach das Radio ab und damit fertig!". Ist das aber eine unserer würdige Haltung, wenn wir wie Kinder uns die Decke über den Kopf ziehen; und nun ist die Umwelt für uns nicht mehr da?

... Dieser Mangel, einer Sache auf den Grund zu gehen, eine Sache ernsthaft bis zu Ende zu denken, ist eine der Hauptursachen unserer mangelnden Selbsterkenntnis und Selbstkritik, ist eine der Ursachen, weshalb wir zur Frage unserer Schuld und unserer Verantwortung so schwer die richtige Einstellung finden können. Ich gebe zu, es gehört zu diesem aufrichtigen Denken nicht wenig Mut. Ich bin im Ersten und in diesem Zweiten Weltkrieg oft genug im Feuer gestanden; und ich weiß, es gehört weitaus mehr Mut dazu, auf sein Gewissen zu horchen, einen Gedanken zu Ende zu denken und ihn gegen eine barbarische Umwelt zu vertreten, als gegen ein feuerndes feindliches MG anzurennen.

Heute aber ist ein Tag der Rechenschaft und der Abrechnung! Heute stehen die 23 Hauptangeklagten der Naziverbrecherbande vor den Richtern des internationalen Gerichtshofes. Sie stehen vor dem Richterforum der ganzen Welt. Eine tieftragische Tatsache ist es, daß gerade unser Volk sich das Recht verwirkt hat, selbst über diese furchtbaren Verbrecher aus der eigenen Mitte zu Gericht zu sitzen.

Dennoch – hinter den Richtern des Interalliierten Gerichtshofes steht mit leeren Augenhöhlen und blutverkrusteten Stirnen neben all den Scharen der Ermordeten anderer Länder auch das Millionenheer der grauen Schatten der gefallenen deutschen Soldaten. Und diese erheben eine furchtbare stumme Anklage gegen die herzlose Nazimörderbrut, gegen diese schändlichen Volksverderber und Volksbetrüger! Aber dieses graue hohläugige Millionenheer, es schaut auch auf dich und mich, es schaut auf uns alle: ob wir etwas von dieser furchtbaren Lehre begriffen haben, ob wir die rechten Konsequenzen aus diesem Hitlerkrieg zogen, ob wir in uns selbst zu Gerichte saßen, ob wir in uns selbst den entscheidenden Prozeß vollzogen, ob wir die Reste der modriggiftigen und mit Blutgeruch behafteten Lüge aus unseren Herzen hinausfegten und die frische Luft einer kühnen Selbsterkenntnis hineinließen?

Nur dann werden wir die stumme Frage unserer gefallenen Söhne und Brüder, die als Zeugen und Ankläger im Nürnberger Gerichtssaal hinter den Richtern stehen, beantworten können – jene brennende Frage: "War denn alles umsonst?" Wenn wir die braune Schmach wirklich vom Angesicht unseres Volkes abgewaschen haben, dann erst können wir unseren Toten antworten: "Ihr seid nicht umsonst gestorben! Euer Tod war der Stachel, der unsere verhärteten Herzen zum Bluten, unsere eingefrorenen Gehirne wieder zum Nachdenken und zur Selbstbesinnung brachte! Durch die Höllenfahrt dieses Hitlerkrieges sind uns wie in einem grellen Feuerschein die Schuld, die Verantwortung und die Gefahren unseres Wesens klar geworden: unsere blinde Selbstgerechtigkeit, unsere verhängnisvolle Überheblichkeit, unser mangelnder Wahrheitsmut, die fehlende Zivilcourage, Selbsterkenntnis und Selbstbesinnung."

Rede auf einer Veranstaltung des Kulturbunds in Berlin vom 25. 11. 1945; aus: Quarthefte, Berlin: Akademie Verlag 1979, S. 31 / 32

Anmerkung

Friedrich Wolf (1888 – 1953) war Arzt und Schriftsteller. Er emigrierte 1933 aus Deutschland und kämpfte im Spanischen Bürgerkrieg (1936 – 1939) auf der Seite der Republikaner gegen die faschistischen Truppen General Francos.

a) Hinweise zum Thema

Die vorliegende Textanalyse erfordert gründliche Kenntnisse über die Geschichte der 30er und 40er Jahre sowie über das aktuelle Tagesgeschehen, besonders über die Nachwirkungen der nationalsozialistischen Vergangenheit bis in unsere Zeit. Hilfreich wäre insbesondere ein fundiertes Wissen über die Nürnberger Prozesse oder über die Biographie des Schriftstellers Friedrich Wolf. Doch viele Informationen sind dem Text beigefügt, allerdings enthalten diese einige Lücken. So geht zwar aus dem Hinweis hervor, daß Wolf als antifaschistischer Kämpfer am Spanischen Bürgerkrieg teilnahm, über sein Leben während des Zweiten Weltkrieges erfährt man aber nichts. Gerade Kenntnisse über diesen Zeitabschnitt würden aber wichtige Anhaltspunkte zur Analyse dieser Rede beisteuern. Deshalb soll an dieser Stelle eine weiterführende biographische Notiz zu F. Wolf nachgeliefert werden.

Biographische Notiz

Friedrich Wolf wurde am 23.12.1888 in Neuwied geboren. Nach dem Studium der Medizin wurde er Schiffs- und Truppenarzt. Er ließ sich dann als praktischer Arzt nieder und hielt sich einige Jahre in Hechingen (1921 – 1927) und Stuttgart (1927 – 1933) auf. Als Mitglied der KPD (seit 1928) mußte er nach der national-

sozialistischen Machtergreifung 1933 Deutschland verlassen. Wolf lebte zunächst in der Schweiz und in Frankreich. 1936 bis 1939 kämpfte er für die Republikaner gegen General Franco im Spanischen Bürgerkrieg. 1941 nahm er seine Tätigkeit als Propagandist in der UdSSR beim Rundfunk auf. Nach dem Kriegsende kehrte er nach Deutschland zurück und half beim Aufbau des Rundfunks und des Theaters in Berlin. Für die DDR übernahm er Aufgaben im diplomatischen Dienst, z. B. 1949 bis 1951 als Botschafter in Warschau. Friedrich Wolf starb am 5.10.1953 in Lehnitz (Kreis Oranienburg).
Als Schriftsteller wurde Wolf vor allem durch zeit- und sozialkritische Dramen im expressionistischen Stil bekannt.

Einige wichtige Werke

1924 Der arme Konrad (Thema: Bauernkrieg)
1929 Cyankali (Thema: Abtreibung)
1935 Professor Mamlock (Thema: Judenverfolgung)
1952 Thomas Münzer (Thema: Bauernaufstand)

Zum Kulturbund

Am 25.11.1945 hielt Friedrich Wolf in Berlin seine Rede "Zur Eröffnung des Nürnberger Prozesses" auf einer Veranstaltung des "Kulturbund", der im Juli desselben Jahres auf Veranlassung der Sowjetischen Militäradministration unter dem Namen "Kulturbund zur demokratischen Erneuerung Deutschlands" gegründet worden war. Seit 1947 beschränkte sich allerdings die Tätigkeit dieser Organisation auf Ost-Berlin und den Bereich der sowjetischen Besatzungszone. Der Kulturbund, der 1958 in "Deutscher Kulturbund" umbenannt wurde, verfügte über Einrichtungen in der ganzen DDR und veranstaltete Vorträge, Diskussionen, Dichterlesungen, Konzerte, Ausstellungen und Wettbewerbe. Er war Eigentümer des berühmten Ost-Berliner Aufbau-Verlags und Herausgeber literarischer Zeitschriften.

Zum Nürnberger Prozeß

Die Alliierten hatten sich im Potsdamer Abkommen auch über die Durchführung eines Prozesses gegen die Kriegsverbrecher und über Maßnahmen zur Entnazifizierung verständigt. Am 20.11.1945 begann in Nürnberg das Internationale Militärtribunal mit dem Verfahren gegen 24 Deutsche. Sowohl Personen als auch ganze Gruppen ("verbrecherische Organisationen") standen unter Anklage. Das Gericht untersuchte Verbrechen gegen den Frieden, die Kriegsverbrechen und Verbrechen gegen die Menschlichkeit. Zwölf der Angeklagten wurden zum

Tode, drei zu lebenslänglicher Haft und vier zu mehrjährigen Freiheitsstrafen verurteilt. Drei Beschuldigte wurden freigesprochen. Am 16.10.1946 wurden die Hinrichtungen vollstreckt. Der ehemalige Reichsmarschall Hermann Göring beging kurz zuvor Selbstmord. Gegen wichtige Vertreter aus der Wirtschaft und der NS-Partei sowie gegen Mediziner und Diplomaten wurden in Nürnberg noch zwölf Nachfolgeprozesse geführt. Dennoch kamen manche Kriegsverbrecher ohne Strafe davon. Die Maßnahmen zur Entnazifizierung wurden bald eingestellt.

Der Schüler kann natürlich diese vielen Details über F. Wolfs Leben und die Nürnberger Prozesse kaum wissen. Er sollte aber in der Lage sein, auf der Grundlage der Rede und der beigefügten biographischen Notiz sowie einiger Geschichtskenntnisse die erste Aufgabe hinreichend zu bearbeiten. Wenn er das politische Tagesgeschehen in Zeitung, Rundfunk und Fernsehen mitverfolgt, kann er die Bedeutung der Rede heute (s. Aufgabe 3) angemessen beurteilen.

b) Grobgliederung

Ein Blick auf die Aufgabenstellung zeigt schnell, daß es bei diesem Thema nicht nur um die Analyse einer Rede geht, sondern daß ihr Umfeld, sowohl das historische als auch das aktuelle, in die Betrachtung einbezogen werden muß. Des weiteren wird das Einfühlungsvermögen des Schülers in eine vergangene Epoche, d. h. in die unmittelbare Nachkriegszeit, angesprochen.

Auch die einzelnen Aufgaben stellen mehrfache Forderungen an den Schüler, so daß ein einfaches Gliederungsschema hier zu kurz greifen würde. Wenn man diese Komplexität berücksichtigt, kann man auch unsere Mustergliederung für diese Textanalyse heranziehen. Abweichungen müssen dabei jedoch vorgenommen werden. Wer sich eng an die Reihenfolge der Aufgabenstellung hält, könnte zu der folgenden **Gliederung** gelangen:

EINLEITUNG

Informationen zum Text: Friedrich Wolf, Rede "Zur Eröffnung des Nürnberger Prozesses", 25. 11. 1945 in Berlin ("Kulturbund"), Wolfs Aufforderung an seine Landsleute zur Neubesinnung.

HAUPTTEIL

1. Hintergründe der Rede
   Situation im Herbst 1945 in Deutschland
   Anlaß der Rede: Eröffnung des Nürnberger Prozesses
   Absicht des Redners

2. Inhalts- und Sprachanalyse
   Beschreibung des Argumentationsgangs der Rede
   Untersuchung: Einsatz der sprachlichen Mittel
3. Bewertung der Rede
   Beurteilung: Wirkung der Rede 1945
   Stellungnahme: Bedeutung der Rede heute

SCHLUSS

Gesamtbetrachtung der Rede
Aktualität der Thematik

Die Aufgabenstellung enthält einige Probleme, die den Schüler erheblich verwirren könnten. So werden in Aufgabe 1 Forderungen gestellt, die eigentlich Thema der Einleitung sein könnten, so daß man sich zu Recht fragt, ob das erste Kapitel des Hauptteils nicht die Einleitung im wesentlichen wiederholt und somit zur Umständlichkeit des Aufsatzes beiträgt. Ähnliches gilt für die 3. Aufgabe. Auch hier wird die Darstellung einer Sache (besonders in der Schlußfrage) verlangt, die eigentlich einen guten Schlußteil abgeben würde. Es stellt sich also die Frage nach einem Schluß, der nicht den Inhalt des Hauptteils wieder aufgreift. Zweifellos liegt der Schwerpunkt des Themas in der 2. Aufgabe, denn hier findet die eigentliche Textanalyse statt. Allerdings enthält diese Aufgabe auch einen Teil, den man in Aufgabe 1 erwarten sollte. Doch so wie die ganze Aufgabenstellung angelegt ist, kann man einen inhaltlich zusammenhängenden Aufsatz schreiben, wenn man sich genau an die Reihenfolge der Vorgabe hält. Die Aufgaben 1 und 3 würden dann den Rahmen für die in Aufgabe 2 geforderte Texterschließung abgeben und könnten auf diese Weise gut aufeinander bezogen werden.

Mit der geordneten Stoffsammlung und dem sich darauf stützenden Musteraufsatz soll nun der Versuch gemacht werden, die Konsequenzen aus den vorigen Überlegungen zu ziehen.

c) Gegliederte Stoffsammlung

EINLEITUNG

Friedrich Wolf: Rede "Zur Eröffnung des Nürnberger Prozesses" 25. 11. 1945 in Berlin, Veranstaltung des "Kulturbund"
Wolfs Forderung an seine Landsleute: Mut zur eigenen Verantwortung, Konsequenzen aus dem verlorenen Krieg

HAUPTTEIL

1 Hintergründe der Rede
1.1 Situation 1945 (nach Kriegsende) in Deutschland
1.1.1 Besetzung des Landes
1.1.2 Zerstörung durch den Krieg, die Lage der deutschen Bevölkerung
1.1.3 Erkenntnis der Deutschen über das 3. Reich
1.1.4 Schuldfrage: Entnazifizierung

1.2 Der Nürnberger Prozeß
1.2.1 Internationaler Gerichtshof: Anklage der Alliierten
1.2.2 23 Hauptangeklagte: Urteile
1.2.3 Bedeutung des Prozesses

1.3 Absicht des Redners
1.3.1 Selbsterkenntnis der Deutschen: Mitschuld
1.3.2 Forderung nach aufrechter Haltung
1.3.3 Ermunterung zur gewissenhaften Vergangenheitsbewältigung

2 Inhalts- und Sprachanalyse
2.1 Argumentationsgang der Rede
2.1.1 Einstellung der Deutschen: Verdruß über Schuldfrage
Wolf: würdige Haltung statt Verdrängung
2.1.2 Hauptursache der mangelnden Selbsterkenntnis: fehlende Konsequenz im Denken
Notwendigkeit des aufrichtigen Denkens, Mut
(Wolfs Erfahrungen im 1. und 2. Weltkrieg)
2.1.3 Nürnberger Prozeß: 23 Hauptangeklagte
Tag der Rechenschaft und Abrechnung
Moralisches Versagen der Deutschen
2.1.4 Anklage: Richter des Interalliierten Gerichtshofes
Stumme Anklage der Ermordeten anderer Länder und der gefallenen deutschen Soldaten
Frage nach Selbsterkenntnis jedes einzelnen
2.1.5 Stumme Frage der Gefallenen nach dem Sinn
Sinn der Opfer nur nach Selbstbesinnung erfüllt
Erkenntnis unserer Hauptschwächen

2.2 Sprachliche Mittel
2.2.1 Anrede, Pronomen "wir" und "uns"
→ Wolfs Selbstanklage, Glaubwürdigkeit

2.2.2 Gefühlsbetonte Ausdrücke
→ Wolfs Abrechnung mit dem Nationalsozialismus
2.2.3 Adjektive, bildhafte Ausdrucksweise
→ Wolfs Mitgefühl
2.2.4 Metaphern
→ Wolfs Ermunterung zum Neubeginn
2.2.5 Anaphern, Steigerungen, Aufzählungen, Mengenangaben
→ Hervorhebung von Wichtigem, Appell an Landsleute
2.2.6 Fragen: rhetorische Frage: Wolfs Forderung
Frage der Toten: Wolfs Zuversicht
2.2.7 Mischung: Satzarten, Satzbau
→ Lebendigkeit

3 Bewertung der Rede
3.1 Beurteilung: Wirkung der Rede 1945
3.1.1 Bewegtheit: Wolfs klarer Standpunkt und seine Redlichkeit
3.1.2 Ermunterung zur inneren Umkehr
3.1.3 "Sympathisanten": Förderung des Gemeinschaftsgefühls
3.1.4 Bewunderung der Kritiker: Wolfs Glaubwürdigkeit
3.1.5 Abwehrhaltung und Starrsinn vieler Deutscher

3.2 Stellungnahme: Bedeutung der Rede heute
3.2.1 Rechtsextremistische Gruppen: Verharmlosung der NS-Greuel
3.2.2 "Auschwitzlüge"
3.2.3 Gedenkfeier 8. 5. 1985: 40. Jahrestag des Kriegsendes
3.2.4 Belastungen im deutsch-israelischen Verhältnis
3.2.5 Verdruß vieler deutscher Jugendlicher über Schuldfrage
3.2.6 Aktualität der Rede

SCHLUSS

Grundsätzliche Bedeutung der Rede: Anklage des Unrechts auf der Welt
Ermahnung an die Deutschen

d) Musteraufsatz

Friedrich Wolf: Zur Eröffnung des Nürnberger Prozesses

Der Nürnberger Prozeß ging als bemerkenswerte juristische Auseinandersetzung mit der deutschen Schuldfrage in die Geschichte ein. Anläßlich der Eröffnung dieses Gerichtsverfahrens hielt der deutsche Arzt und Schriftsteller Friedrich

Wolf am 25. 11. 1945 eine eindrucksvolle Rede auf einer Veranstaltung des "Kulturbund" in Berlin. Darin forderte er seine Landsleute auf, sich mutig zu ihrer eigenen Verantwortung zu bekennen und aus dem verlorenen Krieg die erforderlichen Konsequenzen zu ziehen.

Ein halbes Jahr nach dem Ende des Zweiten Weltkriegs war nicht nur der militärische und wirtschaftliche, sondern auch der moralische Zusammenbruch Deutschlands offenkundig. Das ganze Land war von den Alliierten besetzt, und die Bevölkerung machte sich über die weitere Entwicklung Sorgen. Die Folgen der Kriegszerstörungen und die materielle Not, die Ungewißheit über das Schicksal vieler Familienangehöriger und die Umsiedlung der Vertriebenen aus den Ostgebieten bewirkten unter den Deutschen eine düstere Stimmung. In dieser Situation kam nun noch hinzu, daß die ganze Welt den moralischen Zeigefinger gegen das deutsche Volk erhob. Die Deutschen erkannten nach dem Krieg allmählich, welche Macht sie leichtgläubig und im Glauben an eine bessere Zukunft unterstützt hatten. Immer deutlicher traten die furchtbaren Greuel des Naziregimes ans Tageslicht. Und wer über das ganze Ausmaß der deutschen Schuld noch nicht im klaren war, wurde durch die Maßnahme der Entnazifizierung und den Beginn des Kriegsverbrecher-Prozesses in Nürnberg darauf unmißverständlich hingewiesen.

Die Alliierten stellten 23 Hauptangeklagte vor einen internationalen Gerichtshof. Viele der Vertreter aus der Armee, der nationalsozialistischen Partei und aus dem Wirtschaftsleben wurden zu langjährigen Freiheitsstrafen oder zum Tode verurteilt. In Nürnberg wurden vor der ganzen Weltöffentlichkeit die Hintergründe des Dritten Reiches und des Zweiten Weltkriegs aufgedeckt. Manche bisher verborgenen Verbrechen wurden bekannt und den Deutschen als Beweismaterial für ihr moralisches und politisches Versagen vor Augen geführt.

Vor diesem Hintergrund möchte Friedrich Wolf seine Landsleute auf die Bedeutung des Gerichtsprozesses in Nürnberg aufmerksam machen. Als Mitbetroffener erklärt er, daß bei diesem Verfahren nicht nur die Hauptverantwortlichen, sondern letztendlich alle Deutschen zur Rechenschaft gezogen werden. Wolf bleibt aber nicht bei der Anklage stehen, vielmehr fordert er seine Landsleute auf, ihre Mitschuld an dem ganzen Geschehen während der NS-Herrschaft zu erkennen und einzugestehen. Er wünscht sich eine aufrechte Haltung, mit der die notwendigen Schlußfolgerungen aus den furchtbaren Ereignissen gezogen werden können, damit die zahlreichen Opfer nicht völlig sinnlos waren. Somit versucht er, seine Landsleute aus ihrer moralischen Lethargie zu reißen und sie zu einer kritischen Gewissenserforschung anzuhalten.

Um seine Absichten erfolgreich zu verwirklichen, hat F. Wolf seine Rede abwechslungsreich und geschickt aufgebaut. Zunächst beschreibt er die Einstellung der Deutschen, die bei Beginn des Nürnberger Prozesses nichts mehr von der ewigen Schuldfrage wissen wollen. Diese Verdrängung kann der Redner aber nicht gutheißen, und er fordert deshalb eine würdige Haltung zur besseren Auseinandersetzung mit der augenblicklichen Lage. In der Unfähigkeit, eine Sache konsequent zu Ende zu denken, sieht Wolf eine der Hauptursachen für die mangelnde Selbsterkenntnis, die eine ehrliche Betroffenheit und ein aufrichtiges Schuldgeständnis verhindert. Allerdings räumt Wolf ein, daß der Mut zu gewissenhaftem Denken schwerer fallen kann, als auf dem Schlachtfeld gegen ein Maschinengewehr anzurennen. Da der Redner selbst, wie er bekennt, an den beiden Weltkriegen teilgenommen hat, gewinnt diese Aussage um so mehr an Gewicht.

Den Beginn des Nürnberger Kriegsverbrecherprozesses wertet Wolf als Tag der Rechenschaft und der Abrechnung. Am meisten bedauert er dabei, daß das Volk durch sein Verhalten das Recht verwirkt hat, die 23 Hauptangeklagten selbst abzuurteilen. Die Bedeutung des Gerichtsverfahrens liegt für den Redner auch darin, daß die Millionen Ermordeter und gefallener Soldaten als stumme Ankläger auftreten. Wolf erkennt in diesem Verfahren jedoch auch eine Chance für das deutsche Volk, wenn es diesen Prozeß zur eigenen Selbsterkenntnis nutzt und damit die eigene Schmach zu tilgen versucht. Nur in diesem Fall könnte, nach Meinung des Redners, die Frage nach dem Sinn allen Leidens während der Naziherrschaft noch positiv beantwortet werden. Am Schluß seiner Ansprache ermahnt Wolf seine Landsleute eindringlich, ihre Hauptschwächen, nämlich Selbstgerechtigkeit, Überheblichkeit und mangelnde Zivilcourage, einzusehen und diesen Fehlern den aufrichtigen Willen zur Selbstverantwortung entgegenzusetzen.

Mit Hilfe einiger gut gewählter und psychologisch geschickt eingesetzter sprachlicher Mittel gelingt es Wolf, den auffordernden Charakter seiner Rede zu verstärken. Schon durch die Anrede "Meine Landsleute"! sowie die mehrfache Verwendung der Pronomen "wir" und "uns" weist der Redner darauf hin, daß er sich durchaus als Mitschuldiger betrachtet. Die Erinnerung an seine Teilnahme am Ersten und Zweiten Weltkrieg verschafft ihm bei seinem Publikum größeres Gehör, weil es sich nicht durch einen Außenstehenden angeklagt fühlt. Dadurch, daß sich Wolf selbst in die Problematik einbezieht, gewinnt seine Rede an Glaubwürdigkeit.

Dabei darf aber nicht übersehen werden, daß der Antifaschist Wolf das Dritte Reich nie falsch eingeschätzt, sondern energisch bekämpft hat, wie schon sein freiwilliger Einsatz im Spanischen Bürgerkrieg gegen General Franco zeigt.

Deshalb kann er sich erlauben, mit stark gefühlsbeladenen Ausdrücken seine Abrechnung mit dem Nationalsozialismus durchzuführen. Die Machthaber des Dritten Reiches bezeichnet er als "furchtbare Verbrecher" und als "herzlose Nazimörderbrut". Für Wolf besteht kein Zweifel, daß diese "schändlichen Volksverderber und Volksbetrüger" die Hauptschuld an den Katastrophen tragen. Diese aus Adjektiven und Substantiven zusammengesetzten Bezeichnungen stellen nicht nur Beschimpfungen dar, die das Gerichtsurteil vorwegnehmen, sondern geben auch zu verstehen, daß die Nationalsozialisten durch Manipulation und Betrug ihre Herrschaft sicherten.

Besonders häufig werden Adjektive bei der Beschreibung der Opfer dieses Krieges verwendet. Wolf setzt zur Verdeutlichung seines Mitgefühls sogar doppelte Adjektive und Wortzusammensetzungen ein, z. B. wenn er an das "graue hohläugige Millionenheer" der Gefallenen und an ihre "blutverkrusteten Stirnen" erinnert oder wenn er der "modriggiftigen und mit Blutgeruch behafteten Lüge" seine Verachtung entgegenschleudert. Mehrmals steigert sich Wolfs Sprachstil zu dieser poetisch-bildhaften Ausdrucksweise, die seine expressionistische Vergangenheit verrät. Besonders das Gedenken "der grauen Schatten der gefallenen deutschen Soldaten" kann als gutes Beispiel dieser anschaulichen Sprachgestaltung gelten.

Auch der mehrfache Gebrauch von Metaphern verstärkt den Eindruck dieser Rede. Wenn Wolf seine Zuhörer auffordert, die Reste der NS-Propaganda aus ihrem Herzen hinauszufegen und "die frische Luft einer kühnen Selbsterkenntnis" hineinzulassen, ermutigt er sie auf bildhafte Weise zu einem Neuanfang. Diesem Ziel dient auch der Aufruf, mit der Vergangenheit abzuschließen und "die braune Schmach wirklich vom Angesicht unseres Volkes" abzuwaschen. Wolf zieht außerdem Metaphern heran, wenn er die zurückliegenden sechs Jahre als "Höllenfahrt dieses Hitlerkrieges" beurteilt. Damit werden sowohl der Verursacher als auch das Dämonische und Verdammenswerte des Weltkrieges beim Namen genannt.

Durch Anaphern, Steigerungen und Aufzählungen versteht es Wolf immer wieder, die Aufmerksamkeit seines Publikums zu wecken und das für ihn Wichtige besonders zu betonen. In den Zeilen 16 und 17 unterstreicht Wolf mit Hilfe einer Anapher ("Heute ... Heute ...") die Bedeutung des Nürnberger Prozesses. Noch eindringlicher verdeutlicht die Anapher in den Zeilen 28 bis 34 ("ob wir ..., ob wir ...") die Sorge des Redners um eine ehrliche Auseinandersetzung mit der jüngsten Vergangenheit. Die Aufzählungen in dem langen Schlußsatz und an weiteren Stellen im Text (etwa in den Zeilen 6/7 oder 23/25) prägen Wolfs Appelle fest ins Gedächtnis seiner Zuhörer ein. Die Mengenangaben "Millionenheer" oder "Scharen der Ermordeten" führen jedem die gewaltigen Verluste durch den Krieg und die enorme Schuld der Kriegsverbrecher vor Augen. Deshalb wird durch die Verwendung einer Klimax umso eindringlicher an die Verantwortung der Deutschen erinnert, wobei der Redner sich selbst wie alle seine Landsleute durch das Millionenheer der Gefallenen in die Pflicht genommen sieht: "es schaut auch auf dich und mich, es schaut auf uns alle".

Mit besorgten Fragen versucht der Schriftsteller F. Wolf das Interesse auf die wichtigsten Probleme der Gegenwart zu lenken. Nachdem er zwei Sätze zitiert hat, die den Verdruß seiner Landsleute zum Ausdruck bringen, reagiert Wolf mit einer rhetorischen Frage, die das unreife Verhalten der Deutschen bloßstellt und von ihnen eine "würdige Haltung" verlangt. Gegen Ende seiner Rede greift Wolf wiederum einen Ausspruch aus dem Volk auf. Diesmal stellen aber die Kriegsopfer die Frage ("War denn alles umsonst?"), auf die der Redner mit Zuversicht antwortet, wobei diese aber von der gewissenhaften Bemühung seiner Landsleute um Selbsterkenntnis abhängt. Um seine Hoffnung bewußter hervorzuheben, kleidet Wolf diese Erwiderung in eine direkte Ansprache der Deutschen an ihre Toten. Alle diese Zitate und die sprachliche Hinwendung an die Kriegsopfer verleihen der Rede eine abwechslungsreiche Lebendigkeit. Durch die gute Mischung verschiedener Satzarten – es kommen Aussage-, Ausrufe- und Fragesätze vor – und durch den gezielten Einsatz von Parataxe und Hypotaxe sowie durch den häufigen Gebrauch unterschiedlichster rhetorischer Figuren hinterläßt die Rede auch heute noch einen starken Eindruck.

Schon 1945 in Berlin wird F. Wolf vor dem "Kulturbund" tief bewegte Hörer vorgefunden haben. Insbesondere der klare Standpunkt und die redliche Absicht des Schriftstellers und Arztes mag manchen Anwesenden zu einer inneren Umkehr ermuntert haben. Vermutlich nahmen an dieser Veranstaltung auch viele Menschen teil, die ähnlich dachten wie der Redner. Bei diesen wird Wolf die Meinung, auf dem richtigen Weg zu sein, vertieft und ihr Gemeinschaftsgefühl gefördert haben. Selbst Kritiker dieser Ansprache haben wohl zumindest Wolfs moralische Entschlußkraft und seine Glaubwürdigkeit bewundert. Eine Rede allein kann aber noch nicht die innere Läuterung eines ganzen Volkes bewirken. Außerdem dürfte die von Wolf beklagte Abwehrhaltung und der Starrsinn bei vielen seiner Landsleute mit dazu beigetragen haben, daß vielerorts den feierlichen Beschwörungen und Appellen keine Taten folgten.

So ist es auch zu erklären, daß heutzutage rechtsextremistische Gruppen das nationalsozialistische Gedankengut wieder verbreiten und viele grausame Geschehnisse während des Dritten Reiches verharmlosen. Immer wieder stellt man z. B. in Frage, daß sechs Millionen Juden durch Terror und Verfolgung ihr

Leben lassen mußten. Das Wort "Auschwitzlüge" beschäftigt inzwischen schon unsere Gerichte. Die starken Auseinandersetzungen um eine Gedenkfeier zum 40. Jahrestag der deutschen Kapitulation am 8. Mai 1985 haben erwiesen, daß die deutsche Vergangenheit ab 1933 noch lange nicht bewältigt ist. Das Verhältnis der Bundesrepublik Deutschland zum Staat Israel kann immer noch nicht als völlig entspannt bezeichnet werden. Diese wenigen Beispiele machen deutlich, wie sehr uns die Ereignisse des Dritten Reiches nach wie vor belasten. Andererseits wollen aber viele Jugendliche von dieser Zeit nichts mehr hören. Da sie lange nach dem Ende des Zweiten Weltkrieges geboren wurden, bereiten ihnen Diskussionen um die deutsche Schuldfrage nur noch Ärger und Verdruß. Darin zeigt sich jedoch, wie aktuell Wolfs Rede heute noch ist. Gerade deshalb würde sich diese Ansprache für den Unterricht in der Schule oder auf verschiedenen Veranstaltungen eignen, um notwendige Diskussionen über die deutsche Geschichte im 20. Jahrhundert anzuregen. Doch darüber hinaus kann Wolfs eindeutiger Standpunkt auch Gespräche über ethische Fragen oder über heutige politische Ereignisse veranlassen.

Die Augen der Weltöffentlichkeit richten sich immer wieder auf Nationen, die durch Ungerechtigkeit gegen ihre eigene Bevölkerung oder gegen andere Staaten schwere Schuld auf sich laden. Solange Unrecht auf unserer Erde geschieht, wird auch diese Rede nichts von ihrer grundsätzlichen Bedeutung verlieren. Für uns Deutsche stellt sie eine noch lange Zeit geltende Ermahnung dar.

e) Alternativen, Ergänzungen

Solange die Auseinandersetzungen über den Nationalsozialismus, das Dritte Reich und die Ereignisse der unmittelbaren Nachkriegszeit weitergehen, wird man auch Ergänzungen oder Neubewertungen dieser Textanalyse vornehmen können. Jedes politische Geschehen, dessen Wurzeln in die faschistische Schreckenszeit zurückreichen, kann als Material zur Diskussion über F. Wolfs Rede dienen.

Neue Ergebnisse der Geschichtsforschung könnten die Ausführungen zu Aufgabe 1 bereichern. Es wird jedoch immer darauf ankommen, die Grundstimmung der Deutschen im Herbst 1945 anschaulich zu beschreiben. Da es Anlaß zu positiven wie zu negativen Gefühlsäußerungen gab, müßte man Differenzierungen vornehmen. Einige Beispiele sollen dies verdeutlichen.

Positive Stimmung	**Negative Stimmung**
Ende des schrecklichen Krieges	Folgen des Krieges
Ende der NS-Diktatur	Ungewißheit über Zukunft
Befreiung durch die Alliierten	Erkenntnis über moralisches Versagen
Rückkehrmöglichkeit der Emigranten	materielle Not, existentielle Probleme

Einzelne Textbelege aus Wolfs Rede (besonders im ersten und letzten Abschnitt) können als Ausgangspunkt für die Darstellung der Situation 1945 dienen. Der Redner spricht einige Verhaltensweisen der Deutschen sowohl direkt als auch indirekt an. Darunter findet man z. B. folgende Aspekte:

- Verdrängung der Schuldfrage
- Abkehr von der Außenwelt
- Sinnfrage
- Reflexionen über Krieg und Drittes Reich.

Weitere wesentliche Punkte zu diesem Thema kann der Schüler aus dem Geschichtsunterricht oder aus seiner Privatlektüre sowie aus Filmen und Dokumentationen hinzufügen.

Schwieriger dürfte die Aufgabe sein, die Wirkung der Rede im Jahr 1945 zu beurteilen. Da die Veranstaltung des "Kulturbund" in Berlin nicht in die Geschichtsbücher einging, bleibt man bei dieser Frage weitgehend auf Spekulationen angewiesen. Natürlich kann ein gut ausgeprägtes Einfühlungsvermögen die möglichen Reaktionen des Zuhörer in all ihrer Vielfalt erahnen und infolgedessen genau beschreiben.

Demgegenüber dürfte die Bedeutung der Rede für unsere Zeit viel leichter einzuschätzen sein. Die aktuelle Tagespolitik, regionale Vorkommnisse liefern immer wieder Stoff zur Beantwortung dieser Aufgabe. Die Frage, ob die Deutschen in den zurückliegenden vierzig Jahren zur Selbstbesinnung gekommen sind und Konsequenzen aus ihren Erfahrungen gezogen haben, kann auf zweierlei Weise behandelt werden. Sowohl positive als auch negative Wertungen können dazu dienen, ein differenziertes Urteil abzugeben. Ein paar Beispiele sollen dies veranschaulichen:

Positive Wertung	**Negative Wertung**
Demokratie	Verdrängung
Grundgesetz: Grundrecht (z. B. Asylrecht, Recht auf Kriegsdienstverweigerung)	Halbherzig durchgeführte Entnazifizierung
Wiedergutmachung	Politiker mit NS-Vergangenheit
Maßnahmen gegen Extremismus	Keine Wiedergutmachung für Sinti und Roma
Prozesse gegen NS-Verbrechen	NS-Parolen an Hauswänden
Offene Diskussionen	Vertuschungsversuche

Diese Beispiele könnten beliebig fortgesetzt werden. Eine allgemeine Stellungnahme zur Funktion der Rede Wolfs in unseren Tagen wird immer von dem jeweiligen politischen Standpunkt und von persönlichen Erfahrungen des Beurteilers abhängen. Eine genaue Analyse der Rede kann weitere sprachliche Mittel und deren Wirkung untersuchen. Einige zusätzliche Beispiele sollen hier noch erwähnt werden:

- *Schlüsselwörter:* Schuld, Selbsterkenntnis, Verantwortung, Mangel
- *emotionale Wertungen:* "tieftragische Tatsachen", "barbarische Umwelt"
- *Anspielungen:* "Euer Tod war der Stachel" (Bibelzitat: "Tod, wo bleibt dein Stachel?")
- *Vergleich:* "wenn wir wie die Kinder uns die Decke über den Kopf ziehen"
- *Anaphern:* "Wir wollen ... Wir stellen ..." (Zeile2/3); "Ich gebe zu ... Ich bin ..." (Zeile 10/11)
- *Wiederholungen:* "eine Sache" (Zeile 6), "stehen" (Zeile 16 und 18)
- *Metaphern:* "verhärtete Herzen", "eingefrorene Gehirne"

Die sprachlichen Mittel sollten stets auf ihren Aussagegehalt hin bezogen werden, so daß sich durch die Analyse der Textmerkmale ein Stimmungsbild und eine Gesamtbewertung der Rede ergibt.

IV. Textinterpretation (Interpretation literarischer Texte)

1. Einführung

Während bei der Texterörterung und der Textanalyse Sachtexte untersucht werden, stehen bei der Textinterpretation literarische (fiktionale) Texte im Mittelpunkt. Die Deutung solcher Werke erfordert ein gewisses ästhetisches Einfühlungsvermögen und literarische Gundkenntnisse, um den Text in seine entsprechende Epoche oder in das Gesamtwerk eines Autors einordnen zu können. Ziel einer Textinterpretation ist also eine möglichst gründliche Erschließung und ein damit verbundenes vertieftes Verständnis eines Textes.

Durch eine sichere Beherrschung der wichtigsten Fachbegriffe und einiger wesentlicher Interpretationsmethoden kann ein literarisches Werk nach inhaltlichen, sprachlichen und formalen Gesichtspunkten erschlossen werden, wobei die Erarbeitung dieser drei Bereiche nicht isoliert, sondern unter gegenseitiger Bezugnahme erfolgen sollte.

Darüber hinaus wird von dem Schüler erwartet, in einem Text aus einer zurückliegenden Epoche aktuelle Fragestellungen zu beurteilen. Die Interpretation eines fiktionalen Textes findet demnach auf zwei Ebenen statt: zum einen auf einer historischen und zum anderen auf einer aktuellen.

Ein Text ist sowohl seiner Entstehungszeit verhaftet als auch aufgrund von Traditionen und noch gültigen Problemen für eine spätere Zeit interessant. Meistens erfährt ein älteres literarisches Werk im Lauf der Zeit Veränderungen, z. B. durch Neuauflagen oder spätere Fassungen, zumindest wird es in der Orthographie und der Textgestaltung an unsere Bedürfnisse angepaßt. In demselben Maß, wie die Einbeziehung anderer Faktoren, z. B. die Lebensumstände des Autors oder die sozialen und politischen Hintergründe, in die Interpretation eines Textes verlangt wird, wachsen auch die Ansprüche für eine gute Deutung.

Selbstverständlich könnte man auch die Wirkung eines Textes über Jahrzehnte oder Jahrhunderte (Rezeptionsgeschichte) verfolgen, doch damit wäre ein Schüler überfordert. Schon die Berücksichtigung der Entstehungszeit eines Werks setzt Geschichtskenntnisse voraus, die nicht immer vorhanden sein dürften. Aber auch der Text selbst enthält oft genügend Schwierigkeiten. Sowohl eine Überinterpretation als auch eine Paraphrasierung (bloße Nacherzählung des Inhalts) muß nämlich vermieden werden. Die Grundlage zum Erfolg wird vor allem durch eine gründliche und ergiebige Texterschließung mit Hilfe geeigneter Methoden gelegt.

Die Problematik einer Interpretation kann mit Hilfe der folgenden Skizze verdeutlicht werden:

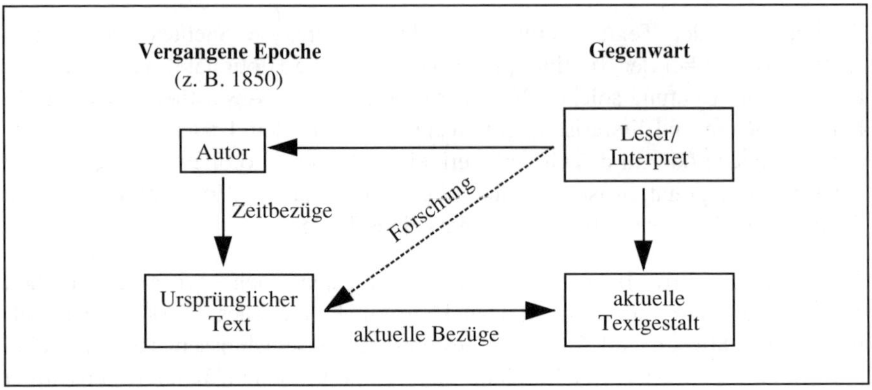

Für die schriftliche Abiturprüfung werden meistens eigenständige, in sich geschlossene Texte gewählt. In selteneren Fällen kommen auch Ausschnitte aus größeren Werken (z. B. Romanen) vor.

Sehr häufig wird von den Schülern die Bestimmung der **Textsorte** verlangt. Fehler bei dieser Aufgabe können schnell zu einem falschen Verständnis und daher zu Mißdeutungen des Textes führen. Um Probleme auf diesem Gebiet zu vermeiden, sollen hier die wichtigsten Textsorten aufgeführt und den entsprechenden Bereichen zugeordnet werden.

Bei fiktionalen Texten unterscheidet man drei verschiedene **poetische Gattungen**: Epik, Lyrik, Dramatik. In diese Rubriken lassen sich die einzelnen literarischen Textsorten einteilen, wobei allerdings eine klare Entscheidung nicht immer möglich ist.

Epik	**Lyrik**	**Dramatik**
Roman, Novelle, Erzählung, Kurzgeschichte, Satire, Fabel, Parabel, Gleichnis, Anekdote, Schwank	Gedicht, Ballade, Sonett, Hymne, Lied	Drama / Schauspiel Tragödie / Trauerspiel Komödie / Lustspiel Tragikomödie Hörspiel, Fernsehspiel Farce

Die Textauswahl für die schriftliche Abiturprüfung stützt sich hauptsächlich auf den epischen und lyrischen Bereich, da die Texte aus der Dramatik zu umfangreich sind. Wenn dramatische Werke vorgelegt werden, dann in Form von Ausschnitten. Dies trifft auch auf Teile der Epik zu (z. B. Roman, Novelle oder Erzählung).

Die Textinterpretation enthält eine Vielzahl von Anforderungen. Das Gelingen der Aufgabe wird an folgenden **Voraussetzungen** gemessen:

- genaue Bestimmung der Textsorte
- solide literarische Grundkenntnisse
- gutes Textverständnis
- gründliche Erarbeitung des Textes nach inhaltlichen, sprachlichen und formalen Gesichtspunkten
- Beherrschung einer geeigneten Interprationsmethode
- sicherer Umgang mit Fachbegriffen
- Fähigkeit des richtigen Zitierens
- Erkennen aktueller Bezüge in dem Text
- sprachlich sichere Darstellung der Ergebnisse (Zeitstufe: Gegenwart).

2. Methodisches Vorgehen

Eine erfolgreiche Textinterpretation lebt von einem vertieften Textverständnis. Wer sich für diese Aufsatzart im Abitur entscheidet, sollte sich also fragen, ob er den Text nach seinem Aussagegehalt genau erfassen kann und ob er sich zutraut, genügend Ergebnisse zu erarbeiten und unter diesen verschiedene Zusammenhänge herzustellen. Eine genaue Lektüre des Textes sollte diese Fragen beantworten.

Für die Bearbeitung des Themas zeigen die folgenden Arbeitsschritte ein sinnvolles Vorgehen auf:

a) Sorgfältiges Lesen

Der Text sollte mehrmals gründlich durchgelesen werden, so daß die Grundstimmung, der Handlungsablauf und die Intention des Autors erfaßt werden.

b) Erstellen einer Grobgliederung

Ausgehend von der Aufgabenstellung empfiehlt es sich, ein erstes Gliederungsschema aufzustellen. Damit wäre ein Orientierungsrahmen und eine Voraussetzung für ein detailliertes Vorgehen geschaffen.

c) Stoffsammlung

Die einzelnen Teile der Grobgliederung können nun durch eine solide Textarbeit und die gründliche Erarbeitung der Fragestellung mit verschiedenen Notizen, Ergebnissen und Beispielen ausgefüllt werden. Dieser Schritt führt zu einer umfangreichen Stoffsammlung, die dann noch genau durchgesehen und geordnet werden muß.

d) Ordnen der Gedanken

Die ganzen für den Aufsatz zusammengetragenen Ergebnisse werden jetzt auf ihre Verwendbarkeit hin überprüft. Mit Hilfe von Zahlen, Buchstaben oder ähnlichen Zeichen wird die genaue Anordnung der Gedanken festgelegt. Man sollte darauf achten, daß der Argumentationsgang auf den Gesetzen der Logik und der Übersichtlichkeit beruht.

e) Niederschrift

Einige Teile (vor allem die Einleitung) können bereits vor der Erstellung der Stoffsammlung formuliert werden. Besser ist es jedoch, erst die Materialsammlung anzulegen und dann mit der Niederschrift der gesamten Arbeit zu beginnen.

Selbstverständlich können je nach individueller Arbeitsweise bei diesem vorgeschlagenen Verfahren Änderungen vorgenommen werden.

Wie gelangt man nun zu einer Stoffsammlung für eine Textinterpretation? Erfahrung im Umgang mit Texten und eine gut ausgeprägte Sensibilität für Literatur leisten hier wertvolle Dienste. Aber auch mit Hilfe eines Fragenkatalogs lassen sich verwertbare Ergebnisse über Inhalt, Form und Sprache eines literarischen Werks erzielen. Dabei ist allerdings zu berücksichtigen, daß jeder Text seine besondere Eigenart besitzt und daher auch die Fragen diesem Umstand angepaßt werden müssen.
Im einzelnen könnte man für die Erstellung einer Stoffsammlung von folgenden Gesichtspunkten ausgehen:

Inhaltsanalyse

- Darstellung der einzelnen Figuren: ihr Charakter, ihr Verhalten, ihre Handlungen und ihre Motive
- Beziehungen der Figuren/der Hauptfigur zu ihrer Umwelt, zur Gesellschaft, zur Natur, zur Religion usw.

- Beschreibung der Umstände, der Situation
- Funktion der Landschaft, Art der Naturbeschreibungen
- Darstellung des Gesellschaftszustandes, der Zeitverhältnisse
- Bedeutung der Überschrift: ihr Zusammenhang mit dem Text
- Intention des Autors, Lehre

Formanalyse
- Art des Aufbaus
- Zusammenhang der einzelnen Teile / Abschnitte des Textes
- Gliederung des Handlungsverlaufs (Einschnitte, Parallelen)
- Art der Einleitung und des Schlusses
- Spannungsverlauf (Steigerung, Höhepunkt)
- Erzählhaltung (Position des Erzählers, Ich-Form, Er-Form)
- Erzähltechnik (Rückblende, Vorausdeutung usw.)

Sprachanalyse
- Satzbau (Länge und Art der Sätze, Satzverknüpfungen)
- Wortwahl (Wortfelder, Fremdwörter, Wortarten, Wortneuschöpfungen)
- Rhetorische Figuren (Symbole, Vergleiche, Metaphern usw.)
- Sprachebene (Alltagssprache, gehobene Sprache, Fachsprache usw.)
- Sprachstil (Besonderheiten, traditionelle bzw. experimentelle Sprache)

Um den einheitlichen Charakter einer Textinterpretation zu wahren, sollte man sich einer bestimmten **Interpretationsmethode** verpflichten und nach deren Zielsetzungen einen Text untersuchen. Im allgemeinen findet man in der Schule die **werkimmanente** Methode am weitesten verbreitet. Bei diesem Verfahren konzentriert man sich ausschließlich auf den Text selbst, der als eigenständiges Gebilde betrachtet wird (immanent: enthalten, innewohnend), und verzichtet auf die Einbeziehung geschichtlicher oder geographischer Daten.

Demgegenüber versucht die **biographische** bzw. die **psychoanalytische** Vorgehensweise, ein Werk als typisches Produkt eines Autors zu bewerten und infolgedessen darin verarbeitete Probleme und Konflikte des Verfassers zu erkennen.

Ähnlich geht auch die **positivistische** Literaturbetrachtung vor, die das Zustandekommen eines Textes aufgrund von nachweisbaren Tatsachen (z. B. Erlebnisse des Autors, Herkunft des Stoffes, Entstehungsbedingungen des Werks) erklärt.

Die **marxistische** Methode geht davon aus, daß die politischen und sozialen Verhältnisse ein Kunstwerk entscheidend prägen. Deshalb kann die Literatur immer auch als Spiegel einer bestimmten Gesellschaftsordnung verstanden werden.

Dagegen hält die **geistesgeschichtliche** Literaturtheorie die Voraussetzungen zur Entstehung eines literarischen Werks für zu komplex, um dessen Wesen erfassen zu können. Das Einzelne erhält seine Bedeutung erst durch sein Verhältnis zum Ganzen, so daß ein Text nur in seinem Zusammenhang und seiner Vielschichtigkeit interpretiert werden kann.

Andere Methoden, wie z. B. **theologische** oder **philosophische** Deutungen, erschließen einen Text aus einem bestimmten ideologischen Blickwinkel und verdeutlichen so eine im Werk angelegte Problematik religiösen oder philosophischen Inhalts.

Die hier angeführten Methoden, die um weitere ergänzt werden könnten, unterscheiden sich nicht nur durch einen eigenständigen, grundlegenden Interpretationsansatz, sondern verfügen auch über jeweils typische Fachbegriffe. Allerdings würde es hier zu weit führen, auf die unterschiedliche und umfangreiche Terminologie einzugehen.

3. Grundschema: Gliederung

Obwohl es bei der Textinterpretation stets auf eine inhaltliche, formale und sprachliche Analyse einer bestimmten Textvorlage ankommt, hängt die Gliederung des Aufsatzes stark von der Aufgabenstellung ab. Man kann nicht einmal von drei Fragen ausgehen, da manchmal auch nur zwei Aufgaben für die Erarbeitung des Textes gestellt werden. Außerdem kann die Fragestellung sich ausschließlich auf eine Untersuchung des Textes beschränken oder aber die Einbeziehung allgemeiner Probleme (z. B. die Aktualität des Inhalts) verlangen, also auch weit über den Text hinausgehen.

Die **Gestaltung der Aufgabenstellung** sieht im allgemeinen folgendermaßen aus:

1. Aufgabe
2. Aufgabe
3. Aufgabe

Name des Autors: Titel
Text (z. B. Gedicht oder Kurzgeschichte)
Quellenangabe: Textsammlung, Verlag, Erscheinungsort, Erscheinungsjahr, Seitenangabe

Nur in wenigen Fällen kommt der Quellenangabe eine gewisse Bedeutung zu, so daß man diese Informationen im Aufsatz meist vernachlässigen kann. Lediglich das Erscheinungsjahr des Textes spielt für die Interpretation eine Rolle. Um so wichtiger ist es dagegen, auf die Biographie oder zumindest den Namen des Autors und auf den Titel seines Werks Bezug zu nehmen. Die Überschrift des Textes kann für die Deutung oft wesentliche Dienste leisten.

Die Gesamtanlage der **Aufgaben** weist einen öffnenden Charakter auf, d. h. es wird zunächst eine allgemeinere Betrachtung des Textes gefordert, dann eine speziellere Untersuchung und schließlich eine Übertragung auf textunabhängige Phänomene.

Die Formulierung der Aufgaben läßt sich im wesentlichen auf folgende Grundmuster zurückführen:

1. Aufgabe
- Geben Sie den Inhalt des Textes (des Gedichts, der Kurzgeschichte usw.) wieder, und bestimmen Sie die Intention des Autors.
- Beschreiben Sie den Ablauf der Handlung, und erklären Sie die Motive der Hauptperson.

2. Aufgabe
- Untersuchen Sie die sprachliche Gestaltung und den Aufbau des Textes, und bestimmen Sie die Textsorte.
- Erläutern Sie, wie die formalen und sprachlichen Mittel die Aussagen des Textes unterstützen.

3. Aufgabe
- Erklären Sie den Titel des Textes, und beurteilen Sie seinen Realitätsbezug.
- Beziehen Sie den Text auf aktuelle Probleme unserer Gesellschaft.

Während also die 1. Aufgabe meistens auf einer beschreibenden Ebene (Inhaltswiedergabe) abläuft, kommt Aufgabe 2 eine analysierende Funktion zu, und die 3. Aufgabe zielt auf eine Gesamtbewertung des Textes oder auf eine Stellungnahme zu seiner Problematik ab.

Auf der Grundlage dieser Überlegung läßt sich folgendes **Gliederungsschema** für eine Textinterpretation erstellen:

EINLEITUNG

Informationen über den Autor und sein Gesamtwerk, Textsorte, Thema des Textes

HAUPTTEIL

1. Wiedergabe des Textinhaltes
   Kurze Zusammenfassung des Inhalts
   Bestimmung der Intention des Autors
2. Analyse: Inhalt, Form, Sprache
   Inhaltsanalyse: Beschreibung der Figuren, Situation, Milieu, Gesellschaft, Natur, Bedeutung des Titels
   Formanalyse: Aufbau des Textes, Handlungsführung, Spannungsverlauf, Erzähltechnik, Erzählhaltung
   Sprachanalyse: Satzbau, Wortwahl, Sprachebene, rhetorische Figuren
3. Bewertung / Stellungnahme
   Gesamtbewertung des Textes
   Aktualität der Problematik

SCHLUSS

knappe Zusammenfassung der Ergebnisse, Bedeutung des Textes, heutige Wirkung des Textes, Intention des Autors)

In der **Einleitung** darf noch keine Deutung des Textes vorgenommen werden, sondern sie soll diese durch grundlegende Informationen lediglich vorbereiten. In knapper Form kann der Autor und sein literarisches Schaffen dargestellt werden, wobei hauptsächlich biographische und literaturgeschichtliche Angaben zur Sprache kommen sollten, die für den zu besprechenden Text von Bedeutung sind. Das Gesamtwerk des Autors kann hinsichtlich einer genaueren Einordnug des Textes charakterisiert werden. Außerdem sollte die Bestimmung der Textsorte und dic Erwähnung des Hauptthemas in der Einleitung vorkommen.

Wie ein Blick auf den **Hauptteil** zeigt, stellt der zweite Abschnitt die größten Anforderungen dar, denn hier ist nicht nur eine intensive Auseinandersetzung mit dem Text gefragt, sondern es wird auch die Untersuchung von drei unterschiedlichen Bereichen verlangt, die zudem aufeinander bezogen werden sollen. Es empfiehlt sich, die sprachlichen und formalen Merkmale des Textes auf ihre

Wirkung hin zu untersuchen und sie mit der inhaltlichen Aussage in Verbindung zu bringen. Auf diese Weise kann am besten eine in sich geschlossene und vielschichtige Deutung gewährleistet werden. Trotz des hohen Stellenwertes einer gründlichen Analyse des Textes dürfen die Ausführungen zu Aufgabe 1 und 2 nicht zu knapp ausfallen. Die Wiedergabe des Textinhalts und die Bestimmung der Absicht des Autors (in Aufgabe 1) schaffen eine wichtige Grundlage für die eigentliche Interpretation. Bei einer Gesamtbewertung des Textes oder bei der Einschätzung seiner Aktualität (in Aufgabe 3) muß der Schüler einen deutlichen Standpunkt beziehen und somit seine Fähigkeit im Umgang mit Literatur allgemein unter Beweis stellen.

Demgegenüber beendet der **Schlußteil** die Textinterpretation mit allgemeinen Aussagen, die eine knappe Zusammenfassung der Ergebnisse oder eine Beurteilung der Intention des Autors enthalten. Besonders zu empfehlen wäre eine Anknüpfung an die Einleitung, indem man den Text dem Gesamtwerk des Autors zuordnet und dadurch die inhaltliche Geschlossenheit des ganzen Aufsatzes betont.

4. Fachbegriffe

Aus der Fülle vorhandener Fachbegriffe kann hier nur eine Auswahl getroffen werden.

a) Inhalt und Form

Bei fiktionalen Texten muß zwischen **Autor** und **Erzähler** (bei Gedichten zwischen Autor und **lyrischem Ich**) genau unterschieden werden. Der Erzähler vermittelt dem Leser den Inhalt einer Geschichte und seine Haltung gegenüber dem Geschehen. Diese Position ist nicht immer mit der Meinung des Autors identisch, so daß durch die Einführung eines Erzählers auch eine gewisse Distanz zu den erzählten Vorgängen geschaffen wird.

Durch die Art der Darstellungen und die Beziehung des Erzählers zu seiner Erzählung kommen verschiedene **Erzählhaltungen** zustande. Der **auktoriale Erzähler** (z. B. in Romanen und Erzählungen von Storm, Fontane, C. F. Meyer, Stifter, Mörike, Droste-Hülshoff, Goethe) berichtet in Er-Form und steht über der Handlung. Seine Allwissenheit ermöglicht es ihm, alle von ihm eingeführten Personen sowohl von innen (seelische Vorgänge, Gedanken) als auch von außen zu beschreiben. Der **personale Erzähler** (z. B. in Werken Kafkas, Döblins oder

Musils) verwendet zwar ebenfalls die Er-Form, doch er erzählt aus der Sicht einer bestimmten Person, so daß er nur diese in ihren Absichten und Handlungen beschreiben kann und andere Personen nur von außen schildert. Oft vertieft sich der personale Erzähler so sehr in seine Figur, daß die beiden nur noch schwer oder nicht mehr auseinanderzuhalten sind. Der **Ich-Erzähler** (z. B. in Max Frisch: Homo faber, T. Mann: Felix Krull, Plenzdorf: Die neuen Leiden des jungen W.) präsentiert dem Leser selbsterlebte Geschehnisse, die er aus seiner Warte wiedergibt. Er greift deshalb gern in seine Geschichte ein und kommentiert die einzelnen Ereignisse (**Erzählerkommentar**).

Beschreibt der Erzähler eine Figur nach ihrem Aussehen, ihrer Kleidung und ihrem Verhalten, so spricht man von einer **Außensicht**. Wenn sich der Erzähler in eine Figur hineinversetzt und deren Überlegungen oder Gefühle schildert, bedient er sich der **Innensicht**. Im modernen Roman wurden einige Erzähltechniken entwickelt, die der Innensicht neue Möglichkeiten eröffneten. So nimmt der Leser z. B. bei einem **inneren Monolog** direkt an den Gedanken einer Figur teil. Bei dem **stream of consciousness** erfährt der Leser alle inneren Vorgänge einer Figur, also Absichten, Ideen, Gefühle, Urteile, Träume; kurz alles, was der Figur durch den Kopf geht. Der personale Erzähler, der aus der Sicht einer bestimmten Figur berichtet, bedient sich oft der Technik der **erlebten Rede** (Er-Form), d. h. einer Mischform von Erzählerkommentar und Äußerung der Hauptfigur, so daß der Leser nicht mehr eindeutig entscheiden kann, ob ein Satz vom Erzähler oder von der Hauptfigur stammt.

Die in einem fiktionalen Text vorkommenden Personen werden als **Figuren** bezeichnet. Ihre Beziehungen untereinander lassen sich in einer **Figurenkonstellation** darstellen. Die Hauptfigur wird auch **Protagonist** genannt.

Wird eine Erzählung in eine schon begonnene Handlung eingebaut, spricht man von einer **Rahmenerzählung**, während die neue Erzählung **Binnenerzählung** heißt. Das Geschehen der Handlung des äußeren Rahmens nennt man **Rahmenhandlung**. Wichtig für eine gute Interpretation ist es, die **Intention** (Aussageabsicht) eines Autors zu ermitteln. Dies kann durch die Kenntnis anderer Werke oder theoretischer Aussagen des Autors sowie durch die Herausarbeitung der Erzählhaltung in einem Text erfolgen.

Bei der **Lyrik** ist die Form und vor allem ihre Beziehung zum Inhalt von großer Bedeutung. Ein Gedicht besteht aus einzelnen **Strophen**, die wiederum in **Zeilen** unterteilt sind. Vierzeiler heißen **Quartett**, und Strophen, die aus drei Zeilen bestehen, werden als **Terzett** bezeichnet. Wird ein Satz am Ende einer Strophe nicht abgeschlossen und in der folgenden Strophe fortgesetzt, spricht man von einem **Zeilensprung** oder **Enjambement**. Der Beginn eines neuen Sinnabschnitts oder eine deutliche Markierung innerhalb einer Zeile bzw. einer Strophe wird als **Zäsur** (Einschnitt) bezeichnet.

Eine durch einen festen Rhythmus geformte Zeile heißt **Verszeile.** Der **Versfuß** bzw. das **Metrum** kommt dabei durch eine regelmäßige Anordnung von Betonungen einzelner Wortsilben, also durch **Hebungen** und **Senkungen** zustande. Folgende vier Versmaße kommen am häufigsten vor:

v–́v–́	**Jambus:**	regelmäßiger Wechsel von unbetonten und betonten Silben "Es schlug mein Herz, geschwind zu Pferde!" (Goethe: Willkommen und Abschied)
–́v–́v	**Trochäus:**	beginnt mit einer betonten Silbe "Sah ein Knab' ein Röslein stehn" (Goethe: Heidenröslein)
vv–́vv–́	**Anapäst:**	auf zwei unbetonte folgt eine betonte Silbe "Schenke groß oder klein, aber immer gediegen." (Ringelnatz: Schenken)
–́vv–́vv	**Daktylus:**	auf eine betonte folgen zwei unbetonte Silben "Seltsam, im Nebel zu wandern!" (Hesse: Im Nebel)

In der deutschen Klassik ist der **Blankvers**, d. h. der fünfhebige Jambus, besonders oft zu finden:

"Spät kommt Ihr – Doch Ihr kommt! Der weite Weg,
Graf Isolan, entschuldigt Euer Säumen."
(Schiller: Wallenstein)

Ein weiteres auffallendes Formmerkmal bei traditionellen Gedichten stellt der **Reim** dar. Man unterscheidet dabei **männliche**(sie enden mit einer Hebung) und **weibliche** Reime (diese enden mit einer Senkung). Die wichtigsten vier Reimarten sollen hier erwähnt werden:

aabb	Paarreim
abab	Kreuzreim
abba	umarmender bzw. umfassender Reim
aabccb	Schweifreim

b) Sprache

s. Kapitel III. 4 (Fachbegriffe: 1. Satzbau und 2. rhetorische Figuren)

5. Musterbeispiel: Prosa

Aufgabe

- Geben Sie den Handlungsablauf der Geschichte wieder und erläutern Sie die Motive der beiden Hauptpersonen. Bestimmen Sie die Intention des Autors.
- Untersuchen Sie die inhaltlichen und sprachlichen Besonderheiten des Textes, und stellen Sie die Textsorte fest.
- Wie beurteilen Sie den Freispruch des Gerichts? Begründen Sie Ihre eigene Meinung.

Ernst Bloch: Armer und reicher Teufel

Wer genug Geld hat, wird manchmal merkwürdig gut. Er gönnt den Nächsten auch etwas, denkt sich etwas Schönes für sie aus. Reiche Leute wollen gern spielen, setzen dabei arme ein. So hielt es jener Amerikaner, als er den sonderbarsten Wettbewerb erließ. Ein junger Mann war gesucht, am liebsten ein Bergarbeiter, gesund und anstellig. Aus den hunderttausend Bewerbern wurde einer angenommen; der junge Mann meldete sich. Ein hübscher Bursche, hatte nun nichts zu tun, als die weiteren Bedingungen zu erfüllen: nämlich auf gute Manier zu essen und zu trinken, feine Kleider mit Schick zu tragen, Figur zu machen. Ein Hofmeister brachte ihm die Künste der Welt bei. Reiten, Golf, gebildete Sprache vor Damen und was sonst ein amerikanischer Gentleman braucht. Alles mit dem Geld seines Schutzherrn; nach beendetem Schliff trat der Glückliche eine dreijährige Reise um die Welt an, mit Kreditbriefen in der Tasche, die jeden noch so exotischen Wunsch erfüllen ließen. Nur eine kleine letzte Bedingung stand noch aus: der junge Mann mußte nach der Reise wieder ins Bergwerk zurück, als wäre nichts geschehen. Mußte dort mindestens zehn Jahre bleiben, als Grubenarbeiter wie bisher. Auch dies unterschrieb der Glückspilz, hielt sich ans Leben, das näher lag; die Zeit der goldenen Jugend begann. Reiste in den Opernglanz von Europa, hatte Glück bei Frauen und hatte Begabung dafür, jagte indische Tiger und speiste bei Vizekönigen, kurz, führte das Leben von Prinzen, mit Kontrast-Beleuchtung obendrein. Bis zu dem Tag, wo er heimkehrte und seinem Gönner fast wohlgesättigt dankte, wie einem Gastgeber beim Abschied. Zog die alten Kleider wieder an und stieg in die Grube zurück zu den Kohlen, blinden Pferden, Kameraden, die ihm so fremd geworden waren und die ihn verachteten. Stieg ins Bergwerk zurück – unvorstellbar jetzt die ersten Tage, Monate, der Gegenschein und jetzige Kontrast, die Einfahrt ums

Morgengrauen, die Arbeit auf dem Rücken, das Schwitzen, Husten, der Kohlenstaub in den Augen, der schlechte Fraß, das Bett mit dreien. Nun hätte der Bursche den Vertrag freilich brechen können; auf gute Manier, indem er eine andere Stelle mit ihr suchte, oder auf revolutionäre, als Arbeiterführer. Statt dessen streikte er verblüffend, fuhr nach New York, sah seinen Wohltäter, erschoß ihn. Für den Arbeiter post festum[1] hatte man Verständnis; das Gericht sprach ihn frei.

Aus: Ernst Bloch: Spuren. Frankfurt: Suhrkamp 1985, S. 44 ff.

Worterklärung
1 post festum: wörtlich: "nach dem Fest", übertragene Bedeutung: zu spät

a) Hinweise zum Thema

Bei einer genauen Betrachtung dieses Abiturthemas ist festzustellen, daß die drei dazu gestellten Aufgaben streng auf den Text bezogen sind. Lediglich Aufgabe 3 ist allgemeiner formuliert, wobei jedoch die Gefahr besteht, daß man gerade hier in ein abgehobenes Spekulieren gerät und somit die Intention des Autors verfehlt. Vielmehr gilt es herauszufinden, ob der Text selbst nicht schon Anhaltspunkte für eine Deutung des Gerichtsurteils liefert. Eine zentrale Bedeutung für die Interpretation kommt der Überschrift zu, die bereits von der Formulierung her den Schlüssel zum Textverständnis in sich zu bergen scheint.

Schwierigkeiten bei der Bewältigung des Themas können auftreten, wenn Grundkenntnisse über den Autor Ernst Bloch nicht vorhanden sind. Noch problematischer wird es, wenn man die Textsorte nicht erkennt, weil dies erstens von der Aufgabenstellung her verlangt wird und zweitens die Deutung des Textes entscheidend beeinflußt.

Biographische Notiz

Ernst Bloch wurde am 8.7.1885 als Sohn eines Eisenbahnbeamten in Ludwigshafen am Rhein geboren. Nach dem Abitur am humanistischen Gymnasium seiner Heimatstadt (1905) verließ Bloch sein Elternhaus und studierte in München und Würzburg Philosophie, Musik und Physik. Während seines Studiums, das er 1908 mit seiner Promotion beendete, schloß er Freundschaft mit dem Philosophen Georg Lukacs. Noch vor dem Ende des Ersten Weltkriegs veröffentlichte er sein Werk "Geist der Utopie". Bloch lebte bis zur nationalsozialistischen Machtergreifung in Berlin, München, Garmisch und in der Schweiz. Anfang der dreißiger Jahre entstand das Buch "Spuren", eine Sammlung von Parabeln und Erzählungen, in der auch der vorliegende Text abgedruckt ist. Im Jahr 1933 mußte Bloch, der Marxist jüdischer Herkunft, emigrieren: Nach den Stationen Zürich,

Wien, Paris und Prag lebte er schließlich 1938 bis 1949 in den USA, wo die wesentlichen Teile zu seinem umfangreichen Hauptwerk "Das Prinzip Hoffnung" entstanden. Bloch nahm 1949 einen Ruf auf den Lehrstuhl für Philosophie an der Universität Leipzig an. Als die Konflikte mit der SED zunahmen, blieb er 1961 während eines Gastvortrags in der Bundesrepublik. Bis zu seinem Tod am 4.8.1977 lebte Bloch in Tübingen, wo er eine Gastprofessur innehatte.
Bloch erhielt für sein Schaffen zahlreiche Auszeichnungen, unter anderem den Friedenspreis des Deutschen Buchhandels (1967) und mehrere Ehrendoktorwürden. Seine Philosophie erstrebt Veränderungen der Welt durch das Aufzeigen von Spuren des Noch-nicht-Seins in den gegebenen Verhältnissen. Dabei dient die Hoffnung als eine verändernde Kraft dazu, die Utopie, also Möglichkeiten des Seins, zu verwirklichen.

Zur Textsorte

Bei Ernst Blochs Geschichte "Armer und reicher Teufel" handelt es sich um eine Parabel. "Unter Parabel im engeren Sinne versteht man eine literarische Form, die als Ganzes ein Gleichnis enthält." (W. Kayser) Wie das Gleichnis stellt auch die Parabel eine lehrhafte Erzählung dar, die eine allgemeine sittliche Wahrheit oder Erkenntnis durch den Vergleich mit einem anderen Lebensbereich vermittelt. Doch im Gegensatz zu ihr besteht sie nur selten aus einer Rahmenhandlung (auch bei der Bloch-Parabel fehlt sie). Außerdem sind keine direkten Schlüsse zwischen den Figuren der Parabel und der Bezugsebene möglich, so daß die Parabel damit zu einer selbständigen Erzählung wird. Dennoch bleibt der gleichnishafte Charakter der Parabel erhalten. Auffallend ist oft die schablonenhafte Darstellung der Personen, die statt Namen Berufsbezeichnungen oder hervorstechende Eigenschaften (z. B. der Reiche) als Benennung tragen. Die Figuren sind nur knapp beschrieben und weisen kaum individuelle Züge auf. Während ein Gleichnis meistens eine Geschichte zur Verdeutlichung eines Sachverhalts oder einer These in den Mittelpunkt stellt, ist die Parabel durch ihre Offenheit und infolgedessen Vieldeutigkeit gekennzeichnet.

b) Grobgliederung

Für den Aufbau eines Aufsatzes bietet sich bei diesem Thema die Möglichkeit an, die drei gestellten Aufgaben in je einem Abschnitt des Hauptteils abzuhandeln. Doch man sollte sich fragen, ob nicht eine Umverteilung einzelner Fragestellungen für eine größere innere Geschlossenheit und einen harmonischeren Gedankenablauf sorgen könnte. Ist es etwa sinnvoll, die Intention des Autors so weit voranzustellen? Muß die Textsorte nicht früher bestimmt werden, z. B.

schon in der Einleitung? Können inhaltliche Besonderheiten des Textes von den Motiven der Personen und vom Handlungsablauf getrennt werden? Besteht nicht die Gefahr, daß sich viele Ergebnisse bei der Erarbeitung der 3. Aufgabe wiederholen, nachdem schon viel weiter oben die Aussageabsicht des Autors bestimmt worden ist? Es liegt doch wohl auf der Hand, daß auch der Schluß der Parabel mit der Intention Blochs zusammenhängt.

Diese Erwägungen zeigen, daß für eine Gliederung dieser Textinterpretation mehrere Möglichkeiten denkbar sind. Auf der Basis unseres Grundschemas wäre dabei die folgende Gliederung die einfachste Lösung:

EINLEITUNG

Biographisches zu E. Bloch, Textsorte: Parabel, Hauptthema der Parabel

HAUPTTEIL

1. Kurze Wiedergabe des Inhalts: Handlungsablauf der Geschichte
2. Analyse: Inhalt, Form, Sprache
   - Inhaltsanalyse: Motive der beiden Hauptpersonen, Intention des Autors
   - Form- und Sprachanalyse: inhaltliche und sprachliche Besonderheiten, Bestimmung der Textsorte
3. Bewertung / Stellungnahme
   Beurteilung: Freispruch des Gerichts, Begründung

SCHLUSS

Zusammenfassung der Ergebnisse, aktueller Bezug zu heutigen Verhältnissen

Durch Umstellungen im Hauptteil und durch die unterschiedliche Zuordnung einzelner Teilaufgaben ergeben sich vielerlei Alternativen. Eine davon soll hier noch vorgestellt werden:

EINLEITUNG

HAUPTTEIL

1. Handlungsablauf der Geschichte, inhaltliche Besonderheiten
2. Bestimmung der Textsorte: sprachliche Besonderheiten
3. Motive der beiden Hauptpersonen
4. Beurteilung: Freispruch des Gerichts – Begründung
5. Intention des Autors

SCHLUSS

Der nun folgende Mustersatz hält sich stark an die Reihenfolge der vorgegebenen Aufgabenstellung und geht im wesentlichen von der ersten der beiden hier skizzierten Gliederungen aus.

c) Musteraufsatz

Ernst Bloch: Armer und reicher Teufel

Der marxistische Philosoph Ernst Bloch hat sich mit seinem Werk "Das Prinzip Hoffnung" einen Namen gemacht. In der Parabel "Armer und reicher Teufel" wird Blochs marxistische Weltanschauung deutlich, denn es handelt sich dabei um den Klassengegensatz zwischen einem armen Bergarbeiter und einem reichen Amerikaner.

Nach einer theoretischen Vorbemerkung über das Verhalten reicher Leute beginnt Ernst Bloch mit einer Geschichte, die er konsequent zu ihrem Höhepunkt hinführt. Ein wohlhabender Amerikaner sucht durch einen sonderbaren Wettbewerb einen jungen Bergarbeiter, dem er für drei Jahre ein Leben in Saus und Braus finanzieren will. Der junge Mann soll nach einer intensiven Vorbereitung auf sein neues Leben als Gentleman eine Reise antreten, auf der ihm alle Wünsche erfüllt werden. Allerdings muß er danach seine Tätigkeit im Bergwerk für zehn Jahre fortsetzen. Der Mann nimmt diese Bedingungen an, kostet die Zeit seines Wohlstandes gründlich aus und zeigt sich gegenüber seinem Wohltäter dankbar. Als er sich wieder ordnungsgemäß an seinem alten Arbeitsplatz einfindet, erlebt er die ihm fremd gewordenen elenden Verhältnisse im Bergwerk und erfährt die Verachtung seiner früheren Kollegen. Aber anstatt den Vertrag zu brechen oder als Arbeiterführer gegen die soziale Ungerechtigkeit zu kämpfen, fährt er nach New York und erschießt seinen Gönner. In einer Gerichtsverhandlung wird er überraschend freigesprochen.

Schon durch die Überschrift weist Ernst Bloch auf den Gegensatz der beiden Figuren in seiner Parabel hin. Dabei hat der Begriff "Teufel" in Verbindung mit den Adjektiven "arm" und "reich" eine unterschiedliche Bedeutung. Während der Bergarbeiter als "armer Teufel", d. h. als bedauernswerter Mensch, bezeichnet wird, verleiht der Ausdruck "reicher Teufel" dem wohlhabenden Amerikaner etwas Bösartiges und Satanisches. An den Vertragsbedingungen wird dann auch deutlich, daß der Reiche seinen Wettbewerb nicht aus reiner Nächstenliebe veranstaltet, sondern aus Experimentierfreude. Um seine Langeweile zu vertreiben, beobachtet dieser Amerikaner mit sadistischer Freude, wie ein junger Bursche auf diese Herausforderung reagiert und sowohl die Höhen als auch die

Tiefen menschlicher Existenz erfährt. Die scheinbare Großzügigkeit erweist sich somit als eine zweifelhafte soziale Hilfe, die keine gesellschaftlichen Probleme löst, sondern vielmehr ein junges Menschenleben auf hinterhältige Weise vernichtet.

Verständlicher sind die Motive des armen Grubenarbeiters, auf die Bedingungen des merkwürdigen Vertrages einzugehen. Aus jugendlicher Begeisterung nimmt der Mann an dem Wettbewerb teil, um aus der Misere seines Daseins herauszukommen. Das Geld und die damit verbundenen Annehmlichkeiten des Lebens verlocken den naiven Arbeiter so sehr, daß er die Tragweite der zeitlichen Begrenzung nicht voraussehen kann. Nach der Rückkehr an seine ehemalige Arbeitsstelle macht der Betrogene einen entscheidenden Erkenntnisprozeß durch. Aus der Gewißheit heraus, daß er seinen drei Jahre lang genossenen Wohlstand nie wieder erleben wird und daß ihm seine früher vertraute Umgebung jetzt entfremdet ist, empfindet er sein Schicksal als seelische Grausamkeit. Nachdem er eingesehen hat, daß er nur eine Marionette im Spiel des Reichen war, fühlt er sich zur Rache an seinem bisherigen Förderer berechtigt. Diese Tat ist für ihn eine Wiederherstellung des verletzten Ehrgefühls. Daher tötet er in dem reichen Amerikaner nicht einen Unterdrücker und Ausbeuter der Arbeiter, sondern einen Sadisten, der zufällig viel Geld besitzt und deshalb andere als Heilmittel gegen seine Langeweile mißbraucht.

Damit wird für den Leser deutlich, daß der Bergarbeiter einen "armen Teufel" in doppelter Hinsicht darstellt. Er ist nämlich sowohl das Opfer eines Reichen als auch ein Vertreter des Proletariats, der seine Lage im Kapitalismus nicht einmal durchschaut. Für Ernst Bloch stehen also beide Figuren dieser Parabel auf der Anklagebank und werden deshalb auch als "Teufel" bezeichnet. An dem Beispiel des Reichen wird gezeigt, welche Folgen der Mißbrauch von Geld und Macht haben kann. Da die Gesellschaft diesen Wettbewerb schützt, ihn zumindest nicht verbietet, fällt auch auf sie die Verantwortung für den blutigen Ausgang der Geschichte. Das ungewöhnliche Gerichtsurteil – ein Mordfall müßte eigentlich bestraft werden – ruft bei dem Leser Verblüffung hervor und veranlaßt ihn so, ein eigenes Urteil abzugeben.

Dieser provozierende, offene Schluß weist darauf hin, daß es sich bei dieser Geschichte um eine Parabel handelt. Der Leser wird zu einer eigenen Stellungnahme aufgefordert, die Motive des Gerichts bleiben im dunkeln. Wenn sich jemand dafür interessiert, warum ein Mörder freigesprochen wird, muß er sich selbst darüber den Kopf zerbrechen. Allerdings gibt Bloch auch deutliche Hinweise darauf, wie man seine Geschichte zu verstehen hat. Nicht nur die Überschrift, sondern auch die theoretischen Einleitungssätze der Parabel legen die

Deutung in eine bestimmte Richtung fest. Am Ende macht der Autor auf alternative Verhaltensweisen des Arbeiters aufmerksam, so daß man wohl darin die "Lehre" Blochs zu sehen hat. Kein individueller Racheakt ist gefragt, sondern das Bewußtwerden über die soziale Lage und das revolutionäre Aufbegehren der Arbeiterklasse. Daß der Philosoph Bloch seine Erzählung allgemein verstanden wissen möchte, zeigt ihr gleichnishafter Charakter. Deshalb tragen die Personen in dieser Parabel auch keine individuellen Namen, sie werden vielmehr als "junger Mann" und "jener Amerikaner" vorgestellt. Darüber hinaus sind sie lediglich durch ihr Geld (bei dem Reichen) oder ihren Beruf (bei dem Armen) charakterisiert. Wie bei einem biblischen Gleichnis entwickelt sich auch bei dieser Parabel die ganze Handlung aus einer philosophischen Aussage heraus.

Viele Besonderheiten der Sprache verstärken die Wirkung dieser Parabel. Bereits die Überschrift weist auf Gegensätze hin, das Wort "Kontrast" kommt sogar im Text selbst zweimal vor. Die extremen Lebensbedingungen sowohl in der Welt des Reichen als auch in der des Armen lassen sich im Wortschatz feststellen: Adjektive und Substantive zur Beschreibung des jeweiligen Lebensstils werden einander gegenübergestellt (z. B. "feine Kleider" – "der schlechte Fraß"). Hauptsächlich durch Adjektive werden dem Leser genauere Informationen über den Bergarbeiter vermittelt: Dieser ist "jung", "gesund", "anstellig", "hübsch". Durch verschiedene Aufzählungen wird die unterschiedliche Lebensweise des jungen Mannes beleuchtet. Einerseits veranschaulichen Beispiele für die Ausbildung zum Gentleman und die Nennung einzelner Tätigkeiten die neue Situation des Arbeiters. Andererseits wird der Kontrast zu seinem "glücklichen" Leben durch die Aufzählung vieler Beispiele für die harten Arbeitsbedingungen nach der Rückkehr ins Bergwerk deutlich beschrieben.

Durch den parataktischen Satzbau treten weitere Aneinanderreihungen – diesmal ganze Sätze – ins Blickfeld. Häufig fehlt dabei das Subjekt, so daß der Satz mit einem Verb beginnt. Die meist sehr kurzen Sätze deuten auf den raschen, ja zwangsläufigen Handlungsverlauf hin.

Die oft nüchtern wirkenden Satzkonstruktionen (vor allem am Schluß) werden aber durch die Ironie des Erzählers aufgelockert. Durch die Begriffe "der Glückliche" oder "Glückspilz" greift der Erzähler wertend in das Geschehen ein, bringt aber gleichzeitig auch seine distanzierte Haltung zum Ausdruck. Ironie wird ebenfalls deutlich, wenn der Erzähler meint, daß Reiche oft "etwas Schönes" ausdenken und "merkwürdig gut" sind. Besonders spöttisch wirkt der Hinweis, daß der junge Bergarbeiter nur noch "eine kleine letzte Bedingung" zu erfüllen habe: Das Adjektiv "klein" steht im Gegensatz zu der härtesten Forderung des Vertrages, die schließlich auch die Hauptursache für den Mord darstellt.

Durch die Verwendung von Superlativen bekommt die Parabel märchenhafte Züge. Auch hier gibt der Erzähler seine eigene Position bekannt, wenn er etwa auf den "sonderbarsten" Wettbewerb hinweist oder dem Leser verständlich macht, wie "unvorstellbar" die Qualen des Arbeiters nach seiner Rückkehr aus dem Schlaraffenland sind. Eine wichtige Funktion haben auch die Zahlen in dieser Parabel. Sie begrenzen die neuen Lebensabschnitte (drei Jahre – zehn Jahre) des jungen Mannes. Aber sie fügen auch eine weitere Antithese hinzu, denn aus hunderttausend Bewerbern wird ja nur einer ausgewählt. Bei all diesen Steigerungen und Kontrasten ist es kein Wunder, daß Bloch diese Geschichte in Amerika, dem Land der unbegrenzten Möglichkeiten, spielen läßt.

Wenn der Inhalt der Parabel an vielen Stellen merkwürdig ist, so ist doch der Verlauf der Handlung insgesamt nachvollziebar. Dies gilt allerdings nicht für den Schluß, der sogar im Gegensatz zu der ganzen Geschichte steht. Kurz nachdem der Arbeiter seinem Gönner innig gedankt hat, erschießt er ihn, und das Gericht spricht ihn auch noch frei. Es bleibt dem Leser überlassen, die Motive des Gerichts, die zu diesem Urteil geführt haben, zu enträtseln. Als einzige Begründung führt Bloch in seiner Parabel das "Verständnis" an. Somit kann man also vermuten, daß die Richter aus psychologischen Erwägungen heraus zu ihrer Entscheidung gelangt sind. Demnach wäre der Arbeiter einer seelischen Grausamkeit seitens seines Gönners ausgesetzt gewesen und hätte diesen, nachdem ihm seine Erniedrigung bewußt geworden ist, in seinem Zorn erschossen. Allerdings steht dieser Vermutung die Tatsache entgegen, daß der junge Arbeiter zur Ausführung seiner Tat nach New York fuhr, also seine Rache "vorsätzlich" vollzogen hat. Wenn man aber die gesellschaftliche Dimension und die von Bloch im Schlußteil der Geschichte formulierten Alternativen in seine Überlegungen miteinbezieht, drängt sich die Deutung auf, daß der Freispruch erfolgte, weil es sich "nur" um einen individuellen und nicht um einen gesellschaftsverändernden Akt des Arbeiters handelte. So sind also auch Gerichte in kapitalistischen Gesellschaftsordnungen "manchmal merkwürdig gut". Hätte der Arbeiter aber auf der Grundlage eines ausgeprägten Klassenbewußtseins, z. B. "als Arbeiterführer", reagiert, so hätte er sich einer Verurteilung kaum entziehen können. Auf diesen Widerspruch will Bloch mit seiner Parabel hinweisen. Gleichzeitig zeigt er, daß kapitalistische Staaten auch vom marxistischen Standpunkt aus nicht einseitig als brutale Unterdrückungsmaschinerien gesehen werden dürfen, sondern daß bei der Betrachtung unterschiedlicher Gesellschaftsordnungen durchaus differenziert werden muß.

Es geht also in dieser Geschichte um eine gesellschaftliche Erkenntnis. Der Leser sollte verstehen, daß der Arbeiter seine klassenbedingte Situation nicht durchschaut hat und deshalb zum Opfer der Verhältnisse geworden ist. Durch diese

Einsicht wird der Leser zu einem besseren, klügeren Vorgehen aufgefordert. Worin Ernst Bloch den Weg zu einer grundlegenden Veränderung der Gesellschaft sieht, läßt er nicht im unklaren. Nur durch ein Bewußtwerden der Klassenlage und ein gemeinsames Vorgehen sind dauerhafte Ergebnisse zu erzielen. Auf diese Weise kann das "Prinzip Hoffnung" als Motor zur Umgestaltung der Verhältnisse wirken.

d) Alternativen, Ergänzungen

Die Frage, wie ein fiktionaler Text zu interpretieren sei, beschäftigt die Literaturforschung seit der Mitte des vorigen Jahrhunderts. Zur Untersuchung von Kunstwerken wurden deshalb auch verschiedene Methoden entwickelt, die sich zum Teil stark voneinander unterscheiden, da sie von völlig unterschiedlichen Grundlagen ausgehen. Vor allem die Problematik, ob zum Verständnis von Texten auch textunabhängige Informationen (z. B. zur Biographie des Autors oder zu den gesellschaftlichen Zuständen seiner Zeit) herangezogen werden sollen, wurde immer wieder intensiv erörtert.

Selbst die Bloch-Parabel läßt der Deutung einen großen Spielraum, obwohl Blochs marxistische Haltung nur eine bestimmte Betrachtungsweise zuzulassen scheint. Der oben stehende Musteraufsatz legt denn auch den Schwerpunkt auf einen soziologischen Ansatz. Insbesondere Aufgabe 3 fordert den Schüler geradezu zu einem selbständigen Urteil auf. Sogar die Bestimmung der Intention des Autors eröffnet Perspektiven, die nicht von vornherein festgelegt sind, vor allem dann, wenn der Interpret biographische Einzelheiten bei seiner Untersuchung nicht berücksichtigen will.
Durch die Anwendung anderer Methoden können folgende Aspekte einer genaueren Betrachtung unterzogen werden:

Psychologische (psychoanalytische) Interpretation

- Motive der beiden Personen
- psychische und physische Gewalt (Sadismus)
- Ursachen und Auswirkungen von Frustration und Aggression
- Einfluß des Geldes auf die Persönlichkeit
- Sozialpsychologie (Zusammenhang von Gesellschaftsordnung und Mentalität, schichtenspezifische Verhaltensweisen)

Religiöse (theologische) Interpretation

- Verhältnis von gut und böse (Entstehung und Folgen)
- Teufel: Verlockung, Verführung

- Existenzbedingungen des Menschen
- Schuld und Sühne
- Gnade und Erlösung (Gericht = Gott?)

Werkimmanente Interpretation

Bei dieser Methode sollen keine Informationen außerhalb des Textes zur Deutung verwendet werden:

- Merkmale der Parabel: Textbeispiele
- Verhältnis zur Erzählung und Erzählerkommentar
- Erzählhaltung: Wertung des Erzählers
- sprachliche und stilistische Besonderheiten
- ästhetische Kategorien

Philosophische (z. B. existentialistische) Interpretation

- Freiheit und Verantwortung des Menschen
- Entwurf des Lebens: Planung und Entscheidung
- Verhältnis von Gesellschaft und Individuum
- Recht und Unrecht: Grundsätze der Moral

Darüber hinaus wären noch weitere Vorgehensweisen denkbar, wie z. B. die positivistische, die geistesgeschichtliche oder die komparatistisch-vergleichende Methode. Doch eine vollständige, alle Gesichtspunkte umfassende Interpretation kann es nicht geben, weil auch ein Kunstwerk durch einen offenen, mehrdeutigen Charakter weiterbesteht und deshalb veränderte Zeitverhältnisse auch immer neue Sichtweisen mit sich bringen.

6. Musterbeispiel: Lyrik

Aufgaben

- Entwickeln Sie die Aussage des Gedichts.
- Erläutern Sie, wie Aufbau und Einsatz sprachlich-formaler Mittel die Aussagen unterstützen.
- Enzensberger hat zur Funktion seiner literarischen Arbeiten sinngemäß gesagt, daß er keine Erlösung von Problemen zu bieten habe. Seine Arbeiten könnten keinen "Sinn" stiften, sondern nur "Zweifel".
  Beurteilen Sie, ob diese Aussage von Enzensberger auf das vorgelegte Gedicht zutrifft.

In zehn Sekunden ist alles vorbei

Himmelblauer Himmel,
nachmittags um vier,
Eiskaffee, Gewimmel,
großes Tanzturnier.

Tangotänzer fliegen
über das Parkett,
Liebespaare liegen
seelenruhig im Bett.

Aber mir kommt das alles so komisch vor,
denn ich hör eine Stimme, die sagt mir ins Ohr:
    Achtung, Achtung! Hier spricht die Direktion.
    Kein Mensch kommt mit dem Leben davon.

Dicke Männer sitzen
in schmuddligen Büros,
trinken Bier und schwitzen,
völlig ahnungslos.

Frisch gestrichene Leute
sonnen sich im Park,
da bestellt sich heute
keiner einen Sarg.

Aber mir, nein mir macht keiner was vor,
denn die Stimme, die Stimme schreit mir ins Ohr:
    Achtung, Achtung! Hier spricht der Präsident.
    Das Weiße Haus in Washington brennt.

Rentnerinnen stricken,
trinken Kirschlikör,
und die Eltern schicken
Kinder zum Friseur.

Sonderangebote,
Sommerschlußverkauf.
Die belegten Brote
ißt kein Mensch mehr auf.

Denn ich hör sie singen, sie singen im Chor,
die Stimmen, die Stimmen in meinem Ohr:
    Achtung, Achtung! Hier spricht die Polizei.
    In zehn Sekunden ist alles vorbei.

Tangotänzer fliegen
über das Parkett,
Liebespaare liegen
seelenruhig im Bett.

Himmelblauer Himmel,
und ich warte hier,
warte im Gewimmel,
nachmittags um vier.

Aus: Hans Magnus Enzensberger: "Im Gegenteil – Gedichte – Szenen – Essays". Frankfurt: Suhrkamp 1959.

a) Hinweise zum Thema

Hans Magnus Enzensberger hat sich vor allem als politischer Lyriker einen Namen gemacht. Auch das Gedicht "In zehn Sekunden ist alles vorbei" enthält eindeutig politische Züge, auch wenn das lyrische Ich scheinbar nur Beobachtungen des Alltags beschreibt.

Biographische Notiz

Der Autor dieses Gedichts, Hans Magnus Enzensberger, wurde am 11. 11. 1929 in Kaufbeuren (Allgäu) geboren. Er wuchs in Nürnberg auf und erlebte deshalb sehr intensiv die Zeit des Dritten Reiches. Als 15jähriger Junge wurde er im Winter 1944/45 zum Volkssturm eingezogen. Nach dem Zweiten Weltkrieg arbeitete er als Dolmetscher und Barmann, bis er 1949 mit dem Studium (Literaturwissenschaft, Philosophie und Sprachen) begann, das ihn nach Erlangen, Freiburg, Hamburg und Paris führte und das er 1955 mit seiner Promotion zum Dr. phil. abschloß. Bis 1957 war Enzensberger dann Redakteur beim Süddeutschen Rundfunk. Obwohl er sich nach seinem Erfolg mit der Gedichtsammlung "Verteidigung der Wölfe" als freier Schriftsteller niederließ, arbeitete er 1960/61 als Lektor für den Suhrkamp-Verlag in Frankfurt und war 1964/65 Gastdozent für Poetik an der Universität in der Mainmetropole. In den 60er Jahren unternahm Enzensberger zahlreiche Reisen, unter anderem in die Sowjetunion und in die USA sowie nach Südamerika. Der Lyriker wechselte auch öfter seinen Wohnsitz und lebte nach seinem Norwegen-Aufenthalt in Italien, Berlin, München und Venedig. Sein politisches Engagement ließ ihn zum Fürsprecher der Dritten Welt und der Studentenrevolte 1967/68 werden. Als langjähriger Herausgeber des "Kursbuch" (1965 – 1975) griff er auch in die Tagespolitik ein.

In seinen Gedichten, die an Bert Brecht und Gottfried Benn orientiert sind, übt Enzensberger heftige Zeit- und Gesellschaftskritik, die er durch artistische Mittel und seine parteiliche Haltung in teils zynischer, teils skeptischer Form verstärkt. Seine Ablehnung unterschiedlichster Konventionen kommt auch in seiner Empfehlung zum Ausdruck, Gedichte als Gebrauchsgegenstände zu verwenden. Enzensberger gehört außer der Gruppe 47 keiner Organisation an. Dafür legt er seine politischen Positionen umso deutlicher in seinen Essays offen. Für seine schriftstellerische Tätigkeit wurde Enzensberger mehrmals ausgezeichnet: So erhielt er 1963 den Georg-Büchner-Preis und 1967 den Kulturpreis der Stadt Nürnberg.

Überblick über seine wichtigsten Werke

1957 Verteidigung der Wölfe (Gedichte)
1960 Landessprache (Gedichte)
1961 Allerleirauh. Viele schöne Kinderreime (Gedichte)
1962 Einzelheiten (Essays)
1964 Blindenschrift (Gedichte)
Politik und Verbrechen (Essays)
1967 Deutschland, Deutschland unter anderm (Gedichte)
1970 Das Verhör von Habana (Drama: Tonbandprotokolle)
1972 Der kurze Sommer der Anarchie (Roman)
1974 Palaver (Essays)
1975 Der Weg ins Freie. Fünf Lebensläufe (Prosabiographien)
Mausoleum (Gedichte)
1978 Der Untergang der Titanic (Versepos)
1980 Die Furie des Verschwindens (Gedichte)
1982 Politische Brosamen (Essays)
1983 Die Gedichte

b) Grobgliederung

Die Aufgaben zu Enzensbergers Gedicht sind so klar formuliert und gegliedert, daß es bei den Überlegungen für einen geeigneten Aufbau zu keinen großen Schwierigkeiten kommt. Problemlos läßt sich deshalb unser Gliederungsschema übernehmen, das wie folgt auf den Text übertragen werden könnte:

EINLEITUNG

Biographisches zum Autor, Themen seiner Werke
Hans Magnus Enzensberger: Gedicht "In zehn Sekunden ist alles vorbei"
Thema: Beobachtungen des lyrischen Ichs zum Alltagsgeschehen, kommentiert durch Stimmen, die auf große Gefahren hinweisen.

HAUPTTEIL

1. Textinhalt: Aussage des Gedichts
2. Analyse: Aufbau, sprachlich-formale Mittel
   Beziehung dieser Mittel zu den Aussagen des Gedichts
3. Stellungnahme
   - Erläuterung von Enzensbergers These:
     Meine literarischen Arbeiten bieten keine Erlösung von Problemen. Sie stiften keinen Sinn, sondern nur Zweifel.
   - Beurteilung: Trifft diese Aussage auf das Gedicht zu?

SCHLUSS

Enzensberger als politischer Autor
Intentionen seines Gedichts: Gesamtdeutung
Aktualität des Gedichts: politische Beispiele

Die einzelnen Kapitel des Hauptteils könnten durch folgende Gesichtspunkte ausgeführt werden:

Aussage des Gedichts

- Die Empfindungen des lyrischen Ichs stehen in völligem Gegensatz zu seinen Beobachtungen.
- Die beschriebenen Ereignisse geschehen an einem warmen Nachmittag im Sommer um 16 Uhr, bei blauem Himmel.
- Verschiedene Örtlichkeiten werden erwähnt: Tanzveranstaltungen, Bett, schmuddelige Büros, Park, Friseur. Diese Schauplätze werden von einfachen Menschen in großer Anzahl aufgesucht.
- Die Menschen gehen ihren Vergnügungen nach: Sie tanzen, trinken Eiskaffee, machen Einkäufe im Sommerschlußverkauf. Männer trinken Bier, Rentnerinnen stricken, Kinder werden zum Friseur geschickt.
- Auch einige negative Einzelheiten (z. B. schwitzende Männer, schmuddelige Büros) zerstören nicht diese idyllische Beschaulichkeit und die geregelte Normalität des Alltags.
- Die Sorglosigkeit und Ruhe der Menschen wird deutlich hervorgehoben: Die Menschen amüsieren sich, sie sind seelenruhig und völlig ahnungslos, sie sonnen sich und denken nicht an den Tod. Durch die eindringliche Beschreibung dieser Unbekümmertheit wird der Kontrast zu dem Bewußtsein des lyrischen Ichs verstärkt.

- Das lyrische Ich beschreibt seine Wahrnehmungen zunächst objektiv, gibt aber dann auch klare Urteile (in den Zweizeilern) ab: Es findet alles komisch und betont, daß es sich von niemandem etwas vormachen läßt.
- Damit kommt das höhere Bewußtsein des lyrischen Ichs zum Ausdruck, denn es erkennt hinter dem Geschehen auch die ernsten Bedrohungen, die ihm durch eine innere Stimme vermittelt werden. Wie über ein Megaphon werden die Gefahren bekanntgegeben: alle sind zum Tode verurteilt, ein Entrinnen ist nicht möglich. Das Weiße Haus in Washington brennt. In zehn Sekunden wird alles vorbei sein.
- Das lyrische Ich macht trotz der beschriebenen Bedrohungen einen innerlich gefestigten Eindruck. Es behält seine "Visionen" für sich und teilt sie nur dem Leser mit. Auf dem Hintergrund des Geschilderten bleibt sein Verhalten unverständlich, denn es wartet im Gewimmel. Die Gefahren selbst werden nicht konkretisiert, lediglich ihr Ausmaß wird bewußt.
- Die ruhige, sachliche, angstfreie Art, mit der das lyrische Ich seine Beobachtungen beschreibt sowie sein passives Verhalten stehen im Gegensatz zu den lauernden Katastrophen. Dieser Widerspruch kann nur durch Enzensbergers "Botschaft" an den Leser erklärt werden.

Analyse: Aufbau, sprachlich-formale Mittel

Aufbau

Das Gedicht ist bereits optisch deutlich gegliedert. Auf zwei kürzere Vierzeiler folgen jeweils zwei längere, klar voneinander getrennte Zweizeiler. Dieses Schema kommt dreimal vor. Das Gedicht durchbricht diese Reihenfolge, indem es mit zwei Vierzeilern schließt, die den zwei Vierzeilern des Gedichtanfangs ähnlich sind. Während der zweite Vierzeiler des Beginns mit der zweitletzten Strophe des Gedichts identisch ist, wird der andere Vierzeiler sprachlich verändert. Überdies wird die Strophenfolge vertauscht.
Diese ganze optische Anordnung verstärkt den Kontrast zwischen dem lyrischen Ich und seiner Umwelt. Die Vierzeiler beschreiben das beobachtete Verhalten der Menschen. Dagegen spielen sich die Zweizeiler im Inneren des Sprechers ab, zum einen in Form einer Wertung des Geschehens, zum anderen als Wahrnehmung von Stimmen. Das Gedicht schließt mit einer Beobachtung des lyrischen Ichs und überläßt diesmal den Kommentar und die Deutung seines eigenen Verhaltens dem Leser. Dieses offene Ende fordert den Leser zu einer eigenen Stellungnahme auf.

Formale Mittel

- Vierzeiler: Kurzstrophen mit drei Hebungen, fast regelmäßiger Trochäus, Kreuzreim
  Durch die Regelmäßigkeit werden die vielen sorglosen, gleichartigen Handlungen der Menschen hervorgehoben. Die Sicherheit und Ruhe der Umwelt spiegelt sich in der gleichmäßigen Sprachform.
- Erster Zweizeiler: unregelmäßiger Rhythmus, Paarreim
  Das Urteil des lyrischen Ichs wird mit den Pronomen "mir" und "ich" betont. Jeweils in der 2. Zeile wird die Stimme erwähnt. Das unregelmäßige Versmaß gibt die innere Unruhe des Sprechers wieder.
- Zweiter Vierzeiler: unregelmäßiger Rhythmus, Paarreim, identischer Beginn durch die Anapher "Achtung, Achtung! Hier spricht ..."
  Diese Strophe, in der jeweils die Stimme zu Wort kommt, enthält in der 2. Zeile eine Information über die Art der Gefahr.

Sprachliche Mittel

- Satzbau:
  In den Vierzeilern herrscht die Parataxe vor. Durch die Aneinanderreihung von Substantiven und Verben werden die verschiedenen Menschen und ihre Tätigkeiten aufgezählt. Die knappen Sätze vermitteln einen Eindruck von den rasch wechselnden Wahrnehmungen.
  Der 1. Zweizeiler weist einen hypotaktischen Satzbau auf, in dem stets die Konjunktion "denn" als Begriff der logischen Folgerung vorkommt. Die unruhige Gedankentätigkeit des lyrischen Ichs wird durch den langen gegliederten Satz vermittelt.
  Der 2. Zweizeiler besteht jeweils aus einem Aufruf und zwei einfachen Hauptsätzen, denn der Inhalt der mitgeteilten Bedrohung ist unmißverständlich.
- Wortschatz:
  Der Wortschatz enthält hauptsächlich bildliche Ausdrücke, mit denen die vielen Sinneseindrücke beschrieben werden. Lediglich die ungewöhnliche Metapher "frisch gestrichene Leute" verläßt die Ebene des Vordergründigen und unterstreicht die ironische und spöttische Haltung des Sprechers gegenüber den sorglosen Normalbürgern.
- Rhetorische Figuren:
  Außer Parallelismen (den ähnlichen Satzkonstruktionen entspricht das Nebeneinander gleicher Geschehnisse) tritt als rhetorisches Mittel die Steigerung

auf. Im jeweils ersten Zweizeiler wird zum Schluß aus dem Singular "Stimme" der Plural "Stimmen", und die Stimme selbst entwickelt sich, indem sie zunächst etwas "sagt", dann "schreit" und schließlich "singt".

Stellungnahme

- Enzensberger bietet in seinem Gedicht keine "Erlösung" an. Da die Gefahren nur in allgemeiner Form beschrieben und in keinen Zusammenhang eingebaut werden, wird auch die Sinnfrage nicht beantwortet.
- Der einzige konkrete Hinweis bezieht sich auf das Weiße Haus und den amerikanischen Präsidenten in Washington. Damit scheint die politische Dimension (Atomkrieg?) des Problems angesprochen. Die Bekanntgabe durch die Direktion und die Polizei könnten als Maßnahmen gegen die atomare Katastrophe gedeutet werden, wobei der Inhalt ihrer Aufrufe aber keine Hoffnung vermittelt, sondern eher mit schwarzem Humor spielt.
- Der Sprecher beschreibt keine Lösungen des Problems. Er fragt nicht einmal nach den Ursachen und Zusammenhängen, sondern gibt lediglich seine Ängste wieder.
- Allerdings erweckt das im Gedicht geschilderte gedankenlose Verhalten der Menschen "Zweifel" sowohl beim Sprecher als auch beim Leser. Angesichts der enormen Bedrohung scheint die Verdrängung der Leute unbegreiflich.
- Auch das in dem offenen Schluß des Gedichts dargestellte passive Verhalten des Sprechers löst beim Leser erhebliche Zweifel aus. Man fragt sich, ob die Ängste des lyrischen Ichs nur spontan auftretende Momenterlebnisse sind oder ob der Welt nur noch ein resigniertes Warten auf die Katastrophe übrig bleibt.
- Enzensberger beschreibt in seinem Gedicht zwei extreme, einander entgegengesetzte Positionen: die absolute Sorglosigkeit der Umwelt und die gesteigerte Angst des Sprechers. Obwohl die biederen Tätigkeiten der Menschen teilweise verspottet werden, scheint sich der Autor nicht mit dem lyrischen Ich zu identifizieren. Will Enzensberger seine Verwunderung über die Situation der Welt zum Ausdruck bringen, empfindet er seine politische Ohnmacht und stellt seine Resignation dar, oder setzt er seine Hoffnung auf den Leser, den er mit gespieltem Pessimismus zum Umdenken und zum Handeln aufruft? Also bleiben auch bei der Festlegung des Autorenstandpunkts Zweifel bestehen, auf die der Leser selbst eine Antwort suchen muß.

V. Literarisches Thema (Textinterpretation Pflichtlektüre)

1. Einführung

Das Literarische Thema stellt in der schriftlichen Abiturprüfung die einzige Aufsatzart dar, auf die sich der Schüler direkt vorbereiten kann. Jedes zweite Jahr werden von dem Kultusministerium **Pflichtlektüren** festgelegt, die für jeweils zwei Abiturjahrgänge verbindlich sind.

Die Pflichtlektüren entstammen den drei poetischen Gattungen Lyrik, Epik und Dramatik, wobei die Lyrik meistens vernachlässigt wird und je ein episches und dramatisches Werk den Vorzug erhalten.

Folgende Textsorten werden dabei am häufigsten gewählt:

Lyrik:	Versepos (z. B. Heine: Deutschland. Ein Wintermärchen) Gedichte aus einer bestimmten Epoche
Epik:	Roman, Novelle, Erzählung
Dramatik:	Schauspiel, Tragödie, Komödie, Tragikomödie

Weil die Pflichtlektüren lange vor dem Abitur bekannt sind, wird von dem Schüler erwartet, daß er die zwei vorgeschlagenen Werke genau kennt und sich darüber hinaus mit der Biographie der Autoren und mit den jeweiligen literarischen Epochen vertraut gemacht hat. Oft wird in einer Aufgabe auch verlangt, Merkmale eines bestimmten Zeitalters an einer Pflichtlektüre nachzuweisen. Deshalb ist es ratsam, sich anhand einer Literaturgeschichte einen Überblick über die in Frage kommenden Epochen zu verschaffen und auch die eine oder andere Interpretation zu den beiden Werken zu lesen, um sich über verschiedene Forschungsergebnisse und Deutungsmöglichkeiten zu informieren. Kenntnisse über das Leben des Autors können eine Interpretation ebenfalls bereichern.

Bei dem Literarischen Thema werden ein bestimmter Textausschnitt aus der Pflichtlektüre sowie eine damit zusammenhängende Aufgabenstellung vorgelegt. In einigen Fällen kann der Grundlagentext auch einem anderen Werk des Autors, z. B. einer theoretischen Schrift, entnommen sein, doch die Fragen werden dann auf eine Verbindung mit der Pflichtlektüre abzielen. Der Schüler muß also sowohl einen Text(ausschnitt) interpretieren als auch einen Bezug zu der Pflichtlektüre herstellen können.

Die Deutung des vorgelegten Textes erfolgt dabei mehr nach inhaltlichen als nach sprachlichen und formalen Gesichtspunkten, d. h. es wird die Auseinandersetzung mit einer bestimmten Thematik gefordert, während eine Form- oder Sprachanalyse selten in Frage kommt. Entsprechend der Aufgabenstellung lassen sich beim Literarischen Thema zwei Schwerpunkte ermitteln: Die inhaltliche Untersuchung soll sich entweder auf eine bzw. mehrere Figuren aus dem Text oder auf ein bestimmtes Motiv stützen. Eine Hauptfigur muß beispielsweise charakterisiert und bewertet oder in ihrem Verhältnis zu anderen Figuren dargestellt werden.

Dagegen kann bei einem motivorientierten Thema nach anschaulichen Beispielen (z. B. zu Liebe, Haß, Verfolgung, Schicksal, Verantwortung usw.), nach der Funktion eines Motivs oder nach dessen Erscheinungsweise gefragt werden.

Man muß nachdrücklich darauf hinweisen, daß beim Literarischen Thema die Interpretation des Textes bzw. des Textausschnitts in einem bestimmten Rahmen zu erfolgen hat, der die Gesamtheit der entsprechenden Pflichtlektüre oder auch die jeweilige literarische Epoche umfaßt.

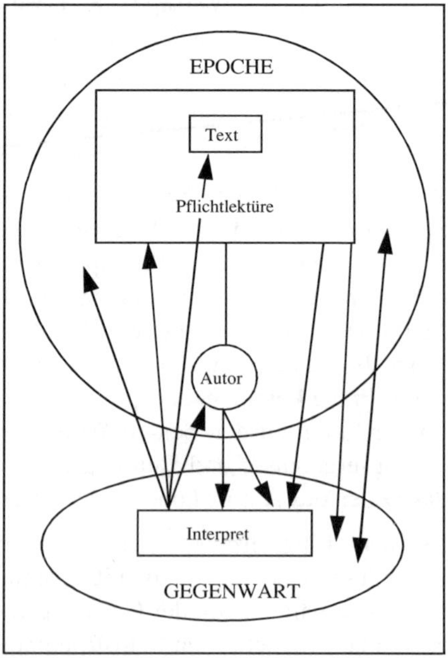

Außerdem kann die Aufgabenstellung die zeitliche Dimension vergrößern, wenn nämlich der Nachweis aktueller Bezüge in einem Werk gefordert wird. Dies setzt ein eigenständiges Urteilsvermögen voraus, das dem Text sowohl in seiner historischen als auch in seiner gegenwärtigen Bedeutung gerecht wird. Nebenstehendes Schaubild verdeutlicht die vielseitige Aufgabe des Interpreten, der aus seinen Zeitumständen heraus ein aus einer anderen Epoche stammendes Werk erklärt.

Für das Literarische Thema werden somit mehrere Fähigkeiten vorausgesetzt, die in Form der folgenden acht **Bewertungsmaßstäbe** ausgedrückt werden können:

- genaue Kenntnis der Pflichtlektüre
- solides Wissen über die Biographie des Autors und die literarische Epoche seines Werks
- gründliche Textarbeit (vor allem auf inhaltlicher Ebene)

- Vertiefung der Interpretation durch die Einbeziehung passender Beispiele aus der Ganzschrift (Pflichtlektüre)
- sichere Beherrschung einer geeigneten Interpretationsmethode
- richtige Einordnung des Textausschnitts in die Ganzschrift
- gut begründetes, eigenständiges Urteil
- angemessene sprachliche Darstellung.

2. Methodisches Vorgehen

Eine Textvorlage dient beim Literarischen Thema hauptsächlich als Ausgangspunkt für eine auf den vollständigen Text (Ganzschrift) abzielende Problematik. Für die Bearbeitung dieser Aufgabe bietet sich folgendes **Vorgehen** an:

a) Sorgfältiges Lesen des Textes

Beim mehrmaligen Lesen der vorgegebenen Textstelle(n) sollte man sich fragen, in welchem Zusammenhang die darin geschilderte Handlung zu der Ganzschrift steht und welche Bedeutung man ihr (ihnen) innerhalb des Ganzen beimessen muß. Es ist ratsam, den Textausschnitt in der Pflichtlektüre nachzuschlagen, so daß man sich das Vorausgehende und das Folgende des Geschehens besser in Erinnerung rufen kann.

b) Erstellen einer Grobgliederung

Nun liest man die Aufgaben gründlich durch und skizziert eine Grobgliederung, die man als Grundlage für das weitere Vorgehen benützen kann. In den meisten Fällen werden die drei Aufgaben den drei Kapiteln im Hauptteil entsprechen.

c) Stoffsammlung

Unter genauer Einhaltung der Aufgabenstellung wird zunächst die Textstelle durchgearbeitet, wobei die Ergebnisse in Stichwörtern festgehalten werden. In ähnlicher Weise geht man anschließend auf die übrigen Aufgaben ein. Für die Einleitung und den Schluß kann man sich einige überzeugende Punkte überlegen.

d) Ordnen der Gedanken

Die gesamte Stoffsammlung sollte noch einmal durchgesehen und an einzelnen Stellen verändert oder ergänzt werden. Man muß darauf achten, daß bei der Anordnung der Gedanken keine Brüche entstehen, sondern daß der Argumentationsgang logisch und für jedermann einsichtig ist.

e) Niederschrift

Erst nach der sorgfältigen Erarbeitung einer Stoffsammlung sollte man mit der Niederschrift beginnen. Dabei muß man sich vor Augen halten, daß die einzelnen Ergebnisse (des Textausschnitts) in einen größeren Zusammenhang, d. h. in die Pflichtlektüre, eingeordnet werden.

Wie der Text(ausschnitt) zu bearbeiten ist und welche Aspekte besonders berücksichtigt werden sollen, muß man der Aufgabenstellung entnehmen. In vielen Fällen wird die Aufgabe zum Text so genau formuliert, daß sich ein Deutungsansatz von selbst ergibt. Manchmal kann sich die Aufgabe aber auf eine Zusammenfassung des Geschehens oder auf die Bestimmung der Funktion einer Textstelle beschränken. Liegt eine offenere Fragestellung vor, kann man die folgenden **Anhaltspunkte für eine Texterschließung** heranziehen:

- In welchem Zusammenhang steht der Textausschnitt zu der Ganzschrift?
- Welche Bedeutung kommt dem Textausschnitt innerhalb der Ganzschrift zu?
- Welche Problematik enthält die Textstelle?
- Welche Ereignisse werden in der Textstelle geschildert?
- Wie werden die Personen / Figuren dargestellt?
- Welche Positionen vertreten die einzelnen Figuren?
- In welchem Verhältnis stehen die einzelnen Figuren zueinander?
- Welche Konflikte existieren zwischen den Figuren bzw. Gruppen? Wo liegen die Ursachen? Welche Lösungen zeichnen sich ab?
- Welche Beziehungen bestehen zwischen den Figuren und ihrer Umgebung, der Landschaft, der Zeitepoche usw.?
- Welche Haltung nimmt der Autor bzw. der Erzähler zu seinen Figuren ein?
- Welche Funktionen haben bestimmte Teile (z. B. ein Lied, ein Zitat, ein Gespräch) in dem Text?

3. Grundschema: Gliederung

Bereits in der **Gestaltung der Aufgabenstellung** wird auf den Zusammenhang zwischen einer Textstelle und der entsprechenden Ganzschrift hingewiesen, da sowohl ein Textausschnitt als auch die entsprechende Pflichtlektüre angegeben ist. In der Regel liegt folgendes Schema vor:

Textgrundlage:

Name des Autors: Titel des Werks (Pflichtlektüre)

1. Aufgabe
2. Aufgabe
3. Aufgabe

Textausschnitt (aus der Pflichtlektüre)

Quellenangabe: Autor, Werk, Ausgabe, Seitenangabe

Die Quellenangabe hat für den Aufsatz keine große Bedeutung. Sie dient lediglich der schnelleren Auffindung der zitierten Textstellen. In manchen Fällen wird der Textausschnitt nicht abgedruckt, sondern es werden ein bestimmtes Kapitel (eines Romans) oder eine Szene (eines Dramas) angegeben, die allerdings leicht auffindbar sind. Der Schüler darf demnach eine Lektüre als Hilfsmittel benützen, die von seiner Schule zur Verfügung gestellt wird. Eine genaue Kenntnis der Pflichtlektüre erspart beim Aufsuchen vergleichbarer Textstellen viel Zeit.

Die **Aufgaben** gehen meist von der zitierten Textstelle aus und öffnen sich dann zu der Ganzschrift, d. h. sie führen vom Besonderen zum Allgemeinen. Da die Fragen oft auf eine bestimmte Problematik oder auf einzelne Figuren, wenn auch in einem größeren Zusammenhang, konzentriert sind, empfiehlt es sich, die Aufgabenstellung genau zu lesen und sich stets auf eine Abweichung von einem herkömmlichen Muster einzustellen. Normalerweise findet man bei den einzelnen Aufgaben etwa folgende Formulierungen vor:

1. Aufgabe
- Interpretieren Sie die Textstelle, und arbeiten Sie die seelischen Konflikte der Hauptpersonen heraus.
- Geben Sie den Inhalt des Textausschnitts wieder, und untersuchen Sie anhand dieser Textstelle das Verhältnis der beiden Hauptpersonen.

2. Aufgabe
- Ordnen Sie die Textstelle in den Gesamtzusammenhang des Romans / Dramas ein, und erläutern Sie ihre Funktion.
- Zeigen Sie an den Hauptpersonen, wie im Roman / Drama die Problematik dargestellt wird.

3. Aufgabe
- Beurteilen Sie, welchen Stellenwert das Thema in dem Roman / Drama einnimmt.
- Weisen Sie an diesem Roman / Drama Merkmale der Epoche nach.

Schon an diesen Musteraufgaben ist zu erkennen, wie unterschiedlich die Schwerpunkte gesetzt werden können. Besonders bei der 3. Aufgabe, die im allgemeinen eine persönliche Stellungnahme verlangt, gibt es eine Vielfalt von Möglichkeiten. So kann z. B. eine Deutung des Titels, eine Beurteilung der Aktualität der Thematik, die Chance einer Aufführung (bei einem Schauspiel) oder einer Verfilmung, die Auseinandersetzung mit einer Theorie oder die Übertragung der Problematik auf heutige Verhältnisse gefordert sein.

Aufgrund der angesprochenen Schwierigkeiten kann ein mustergültiges **Gliederungsschema** nur mit Vorbehalten hier angeführt werden. Dieses könnte folgendermaßen aussehen:

EINLEITUNG

Autor und sein Gesamtwerk, Thema des Einzelwerks, historische Hintergründe, Epoche, aktuelle Bezüge

HAUPTTEIL

1. Inhaltswiedergabe und Interpretation des Textauschnitts
2. Verhältnis Textstelle – Ganzschrift
   - Funktion der Textstelle in der Ganzschrift
   - Bestimmte Thematik in der Textstelle und in der Ganzschrift
3. Beurteilung / Stellungnahme
   - Stellenwert eines bestimmten Themas in der Ganzschrift
   - Merkmale einer literarischen Epoche
   - Persönliche Stellungnahme zu einem Problem

SCHLUSS

Intention des Autors, Werk und Epoche,
Aktualität der Thematik, literarische Tradition

Im allgemeinen ergeben die (drei) Aufgaben die einzelnen Kapitel im Hauptteil, und weil diese sich in der Thematik vom Spezielleren zum Allgemeineren ausweiten, kann man sie auch in dieser Reihenfolge übernehmen. Der Inhalt der Einleitung und des Schlusses muß sich an der gesamten Aufgabenstellung orientieren und dazu passende Akzente setzen.

Während der Hauptteil also durch die Aufgabenstellung bestimmt ist, kann die **Einleitung** mehr Freiheiten in Anspruch nehmen. Sie sollte jedoch durch eine geschickte Auswahl an Informationen zur Biographie des Autors, zu seinem literarischen Schaffen, zur Epoche des entsprechenden Werks oder zu historischen und sozialen Hintergründen die Deutung vorbereiten. Bei Zahlen sollte man sich auf die Lebensdaten des Autors, das Erscheinungsjahr des entsprechenden Werks und auf die Grenzwerte der Epoche beschränken. Anstatt den ganzen Lebenslauf des Autors zu schildern, sollte man gezielt einige für die Interpretation des angegebenen Textes wichtige Fakten herausgreifen. Auch auf aktuelle Anlässe, wie z. B. die Ehrung eines Autors, runde Geburts- und Todestage, die Veröffentlichung einer Werkausgabe oder die Inszenierung eines Theaterstücks, kann man in der Einleitung hinweisen.

Solche Informationen können jedoch auch in den **Schlußteil** eingefügt werden, wenn sie in der Einleitung keine Verwendung finden. Ebenso kann man (noch einmal) auf den Autor und die entsprechende literarische Epoche Bezug nehmen oder die im Hauptteil erarbeiteten Ergebnisse auf andere Werke des Verfassers vergleichend anwenden. Wenn der Schluß an Sachverhalte aus der Einleitung anknüpft, indem er diese weiterentwickelt, kann er den Eindruck einer abgerundeten, in sich geschlossenen Darstellung unterstreichen. Ein ausgewogener, inhaltlich überzeugender Hauptteil spielt dabei aber eine wesentliche Rolle.

4. Fachbegriffe

Entsprechend der Textauswahl beim Literarischen Thema werden für die Bearbeitung dieser Aufsatzart insbesondere Fachbegriffe aus den beiden Gattungen Dramatik und Epik benötigt.

a) Dramatik

Die Hauptformen aus dem Bereich Dramatik lassen sich je nach Wirkung und Grundhaltung in drei verschiedene Gruppen unterteilen:

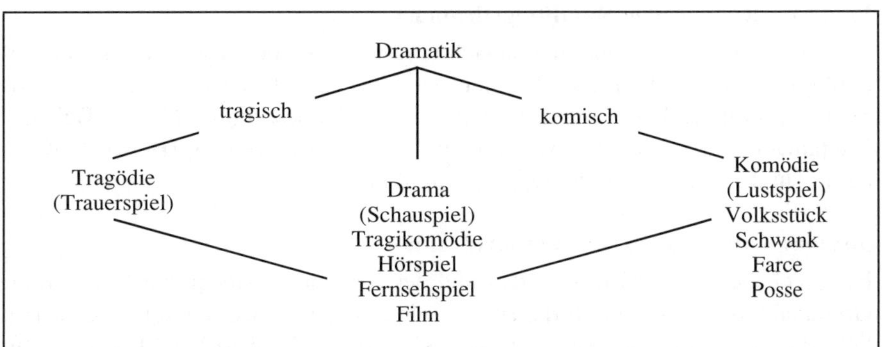

In dieser Darstellung können natürlich Hörspiel, Fernsehspiel und Film gemäß ihrem Inhalt auch den anderen Bereichen zugeordnet werden. Auch das Drama und die Tragikomödie müssen keine inhaltliche Neutralität bewahren, sondern werden eher Mischformen mit tragischen und komischen Elementen sein. Entscheidender als diese Einordnung dürfte für die Interpretation die Bestimmung nach formalen und inhaltlichen Merkmalen sein. Dabei lassen sich die verschiedenen **Dramentypen** nach folgenden Definitionen auseinanderhalten:

Offene Form – geschlossene Form

Diese auf Volker Klotz zurückgehenden Begriffe unterscheiden die Dramen nach ihrer Bauart und ihrer inhaltlichen Gestaltung. Die **offene Form**, die "das Ganze in Ausschnitten" vorstellt, weist viele Schauplätze, zahlreiche Figuren und eine verwickelte Handlung auf (Beispiele: Goethes "Götz von Berlichingen"; Hauptmann: "Die Weber").
Dagegen konzentriert sich die **geschlossene Form**, die einen "Ausschnitt als Ganzes" zum Ziel hat, auf wenige Figuren, geringe Raum- und Zeitwechsel sowie auf zielstrebige Handlungsführungen (Beispiele: Goethes "Iphigenie auf Tauris"; Dürrenmatt: "Die Physiker").

Zieldrama – analytisches Drama / Enthüllungsdrama

Mit diesen Begriffen werden die Dramen nach inhaltlichen Gesichtspunkten gegeneinander abgegrenzt. Das Zieldrama, auch **Entfaltungsdrama** genannt, zeichnet sich durch eine auf das Ende hin angelegte Handlungsstruktur aus (Beispiel: Lessing: "Emilia Galotti"), während das analytische bzw. Enthüllungsdrama ein zeitlich zurückliegendes Geschehen aufarbeitet (Beispiele: Sophokles: "König Ödipus", Kleist: "Der zerbrochne Krug").

Figuren-, Raum- oder Handlungsdrama

Die Dramentypen können auch danach untersucht werden, ob sie ihren Schwerpunkt auf einzelne Figuren (Beispiel: Molière: "Der Geizige", Schiller "Maria Stuart"), auf einen bestimmten Schauplatz bzw. ein bestimmtes Milieu (Beispiel: Hauptmann: "Die Weber") oder auf ein besonderes Ereignis (Beispiel: Kipphardt: "In der Sache J. Robert Oppenheimer") legen.

Soziales – historisches – Schicksalsdrama

Entsprechend der Wahl des Stoffes und der Art seiner Darstellung läßt sich die Grundhaltung des Autors festlegen. Soziale Dramen verweisen auf gesellschaftliche Konflikte (Beispiel: Hebbel: "Maria Magdalena"), historische Dramen bearbeiten Themen aus der Geschichte (Beispiel: Schiller: "Wallenstein"), und Schicksalsdramen mahnen an das Walten überirdischer Kräfte (Beispiel: Sophokles: "König Ödipus"). Je nach Typus können auf dieser Grundlage weitere Unterscheidungen vorgenommen werden: z. B. Charakterdramen, Dialektdramen, Tendenzdramen.

Spieldrama – Lesedrama

Da viele Schauspiele aufgrund technischer Probleme auf einer Bühne nicht gespielt werden können bzw. für eine Aufführung gar nicht gedacht sind (z. B. Goethe: "Faust. Zweiter Teil", Grabbe: "Napoleon oder die hundert Tage"), spricht man dabei von Lese- oder **Buchdramen**.

Wichtige Informationen für eine Deutung lassen sich aus der **Bauform** eines Dramas ablesen.

Die von Aristoteles geforderte **Einheit** von **Ort**, **Zeit** und **Handlung** spielt besonders für das klassische Theater eine entscheidende Rolle. An Goethes "Iphigenie auf Tauris" läßt sich dies gut verdeutlichen, denn das dargestellte Geschehen spielt an einem Schauplatz (Insel Tauris, vor dem Tempel), innerhalb von 24 Stunden und lenkt von Iphigenies Konflikten nicht durch Nebenhandlungen ab.

Die Einteilung eines klassischen Dramas in fünf bzw. drei **Akte** hat Gustav Freytag in einem Schaubild ("Freytagsche Dramenpyramide") aufgezeigt:

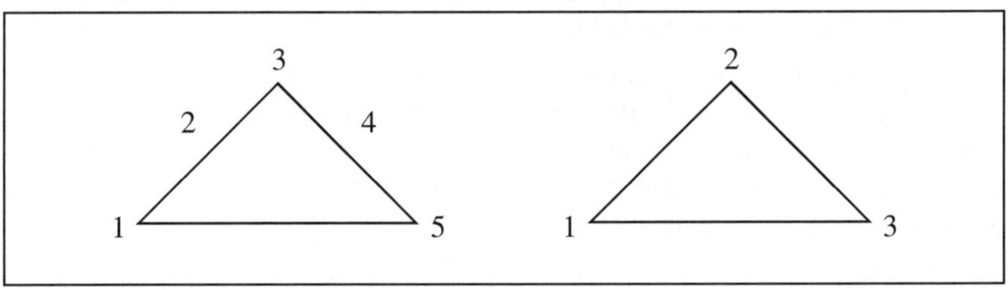

Den einzelnen Akten, die wiederum in **Szenen** aufgeteilt sind, entsprechen jeweils inhaltliche Besonderheiten, die sich mit verschiedenen Fachbegriffen beschreiben lassen:

1. Akt: **Exposition**
   Der Zuschauer wird in die Handlung eingeführt, z. B. durch die Erklärung des vorausgegangenen Geschehens. Die wichtigsten Personen treten auf, Zeit und Ort der Handlung werden vor Augen geführt, und die entscheidenden Konflikte nehmen ihren Anfang.

2. Akt: **Steigende Handlung / Steigerung / Epitasis**
   Die Handlung verdichtet sich, die Konflikte nehmen zu, aber auch der Aufstieg des Helden (in der Tragödie) strebt seinem Höhepunkt zu.

3. Akt: **Höhepunkt**
   Bei der Tragödie steht die Hauptfigur auf dem Gipfel ihrer Macht, in der Komödie scheinen die Hindernisse für den Helden so unüberwindbar, daß sein Glück in weite Ferne rückt.

4. Akt: **Peripetie / Umschwung der Handlung**
   Der 4. Akt einer Tragödie bringt die bisherige Macht der Hauptfigur ins Wanken und deutet auf ihren Untergang voraus. In der Komödie hingegen verändert sich die Sachlage zugunsten des Helden, so daß sich ein glücklicher Ausgang abzeichnet.

5. Akt: **Katastrophe – happy end**
   Die Tragödie endet mit dem Untergang bzw. Sturz des Helden, während die Komödie im Schlußakt das Glück der Hauptfigur endgültig sichert.

Ein dreiaktiges Schauspiel geht von demselben Bauprinzip aus, wobei die Steigerung des Geschehens in den 1. und 2. Akt eingeflochten ist und die Peripetie im 2. oder 3. Akt einsetzt.

Das Auf und Ab der Handlung, also z. B. Aufstieg und Fall des Helden in der Tragödie, wird in der Dramenpyramide durch die nach oben bzw. nach unten strebenden Linien veranschaulicht.

Mit Hilfe von **Regieanweisungen** beschreibt der Autor seine Vorstellungen von einer Aufführung seines Werks. Dabei macht er Angaben über den Schauplatz und die Zeitumstände der Handlung und charakterisiert seine Figuren durch mehr oder weniger genaue Informationen über ihr Inneres (z. B. Gefühle) und Äußeres (z. B. Kleidung, Bewegungen).

Ein **Monolog** (Selbstgespräch) bringt dem Zuschauer das Gefühlsleben und die Denkweise einer Figur näher, während ein **Dialog** (Zwiegespräch) das direkte Aufeinandertreffen zweier Figuren vorführt. Durch die **Dialogführung** kann der Autor die Möglichkeit nützen, die Figuren und ihre Aussagen unterschiedlich zu betonen und somit ihre Standpunkte deutlich gegeneinander abzugrenzen.

Die **Figuren** eines Dramas erhalten ihre Bedeutung hauptsächlich durch die Häufigkeit ihrer Auftritte oder durch ihre Stellung in der Gesamthandlung. Die **Hauptfigur** bzw. der **Protagonist** ist also den **Nebenfiguren** überlegen. Von einer **Titelfigur** spricht man, wenn der Name der wichtigsten Person auch den Titel des Werks bestimmt (z. B. Schiller: Wallenstein, Maria Stuart; Goethe:

Faust, Egmont). Die Beziehungen der einzelnen Personen untereinander lassen sich in einer **Figurenkonstellation** erfassen. Dies soll hier am Beispiel von Goethes "Iphigenie auf Tauris" gezeigt werden:

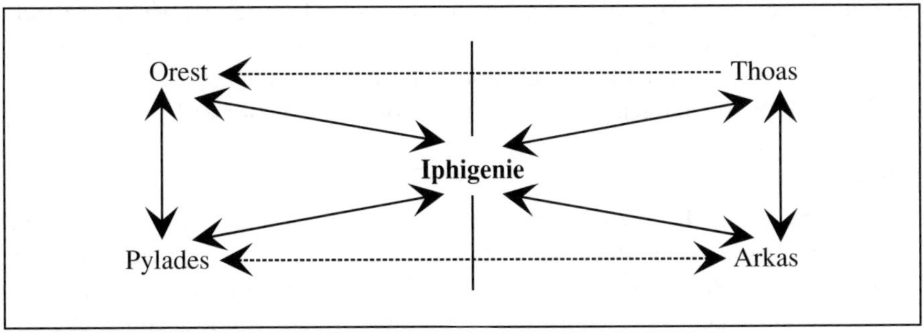

Die Redeweise **(Figurensprache)** der einzelnen Personen kann die unterschiedliche Herkunft und demzufolge auch gegensätzliche Interessenlagen unterstreichen. So setzt z. B. Gerhart Hauptmann die schlesische Mundart sprechenden Weber in seinem gleichnamigen Stück gegen den Hochdeutsch redenden Fabrikanten ab.

Durch die Gegenüberstellung der (beiden) wichtigsten Figuren wird der dramatische bzw. tragische Konflikt sichtbar. Dieser kann sich jedoch auch im Inneren einer Einzelfigur abspielen. Der dabei auftretende Widerspruch zwischen zwei Entscheidungsmöglichkeiten bzw. zwischen zwei entgegengesetzten Positionen kann meist nur durch den Tod gelöst werden. Wird der Held ohne eigenes Verschulden schuldig, so spricht man von tragischer Schuld (z. B. Sophokles: Antigone). Bei der Komödie lösen sich die dramatischen Verwicklungen in einem happy end auf.

b) Epik

s. Kapitel IV. 4

c) Lyrik

Sollte beim literarischen Thema einmal ein Werk aus dem Bereich der Lyrik gewählt werden, findet man entsprechende Fachbegriffe in Kapitel IV.4

5. Musterbeispiel – Franz Kafka: Der Prozeß

Aufgabe

- Untersuchen Sie, ausgehend von den vorliegenden Textstellen, wie der Prozeß in K.s bisheriges Leben eingreift.
- Erläutern Sie, wie Josef K. das Gericht sieht und beurteilt.
- Wie ist Ihrer Ansicht nach der Titel "Der Prozeß" zu verstehen?

Franz Kafka: Der Prozeß

... Heute wußte K. nichts mehr von Scham, die Eingabe mußte gemacht werden. Wenn er im Büro keine Zeit für sie fand, was sehr wahrscheinlich war, dann mußte er sie zu Hause in den Nächten machen. Würden auch die Nächte nicht genügen, dann mußte er einen Urlaub nehmen. Nur nicht auf halbem Wege stehenbleiben, das war nicht nur in Geschäften, sondern immer und überall das Unsinnigste. Die Eingabe bedeutete freilich eine fast endlose Arbeit. Man mußte keinen sehr ängstlichen Charakter haben und konnte doch leicht zu dem Glauben kommen, daß es unmöglich war, die Eingabe jemals fertigzustellen. Nicht aus Faulheit oder Hinterlist, die den Advokaten allein an der Fertigstellung hindern konnten, sondern weil in Unkenntnis der vorhandenen Anklage und gar ihrer möglichen Erweiterungen das ganze Leben in den kleinsten Handlungen und Ereignissen in die Erinnerung zurückgebracht, dargestellt und von allen Seiten überprüft werden mußte. Und wie traurig war eine solche Arbeit überdies. Sie war vielleicht geeignet, einmal nach der Pensionierung den kindisch gewordenen Geist zu beschäftigen und ihm zu helfen, die langen Tage hinzubringen. Aber jetzt, wo K. alle Gedanken zu seiner Arbeit brauchte, wo jede Stunde, da er noch im Aufstieg war und schon für den Direktor-Stellvertreter eine Drohung bedeutete, mit größter Schnelligkeit verging und wo er die kurzen Abende und Nächte als junger Mensch genießen wollte, jetzt sollte er mit der Verfassung dieser Eingabe beginnen. Wieder ging sein Denken in Klagen aus. Fast unwillkürlich, nur um dem ein Ende zu machen, tastete er mit dem Finger nach dem Knopf der elektrischen Glocke, die ins Vorzimmer führte.

Während er ihn niederdrückte, blickte er zur Uhr auf. Es war elf Uhr, zwei Stunden, eine lange, kostbare Zeit, hatte er verträumt und war natürlich noch matter als vorher. Immerhin war die Zeit nicht verloren, er hatte Entschlüsse gefaßt, die wertvoll sein konnten. Die Diener brachten außer verschiedener Post zwei Visitenkarten von Herren, die schon längere Zeit auf K. warteten. Es waren gerade sehr wichtige Kundschaften der Bank, die man eigentlich auf keinen Fall hätte warten lassen sollen. Warum kamen sie zu so ungelegener Zeit, und warum, so schienen wieder die Herren hinter der geschlossenen Tür zu fragen, verwendete der fleißige K. für Privatangelegenheiten die beste Geschäftszeit? Müde von dem Vorhergegangenen und müde das Folgende erwartend, stand K. auf, um den ersten zu empfangen.

... Endlich war K. allein. Er dachte gar nicht daran, irgendeine andere Partei vorzulassen, und nur undeutlich kam ihm zu Bewußtsein, wie angenehm es sei, daß die Leute draußen in dem Glauben waren, er verhandle noch mit dem Fabrikanten und es könne aus diesem Grunde niemand, nicht einmal der Diener, bei ihm eintreten. Er ging zum Fenster, setzte sich auf die Brüstung, hielt sich mit der Hand an der Klinke fest und sah auf den Platz hinaus. Der Schnee fiel noch immer, es hatte sich noch gar nicht aufgehellt.

Lange saß er so, ohne zu wissen, was ihm eigentlich Sorgen machte, nur von Zeit zu Zeit blickte er ein wenig erschreckt über die Schulter hinweg zur Vorzimmertür, wo er irrtümlicherweise ein Geräusch zu hören geglaubt hatte. Da aber niemand kam, wurde er ruhiger, ging zum Waschtisch, wusch sich mit kaltem Wasser und kehrte mit freierem Kopf zu seinem Fensterplatz zurück. Der Entschluß, seine Verteidigung selbst in die Hand zu nehmen, stellte sich ihm schwerwiegender dar, als er ursprünglich angenommen hatte. Solange er die Verteidigung auf den Advokaten abgewälzt hatte, war er doch noch vom Prozeß im Grunde wenig betroffen gewesen, er hatte ihn von der Ferne beobachtet und hatte unmittelbar von ihm kaum erreicht werden können, er hatte nachsehen können, wann er wollte, wie seine Sache stand, aber er hatte auch den Kopf wieder zurückziehen können, wann er wollte. Jetzt hingegen, wenn er seine Verteidigung selbst führen würde, mußte er sich – wenigstens für den Augenblick – ganz und gar dem Gericht aussetzen, der Erfolg dessen sollte ja für später seine vollständige und endgültige Befreiung sein, aber um diese zu erreichen, mußte er sich vorläufig jedenfalls in viel größere Gefahr begeben, als bisher. Hätte er daran zweifeln wollen, so hätte ihn das heutige Beisammensein mit dem Direktor-Stellvertreter und dem Fabrikanten hinreichend vom Gegenteil überzeugen können. Wie war er doch dagesessen, schon vom bloßen Entschluß, sich selbst zu verteidigen, gänzlich benommen? Wie sollte es aber später werden? Was für Tage standen ihm bevor! Würde er den Weg finden, der durch alles hindurch zum guten Ende führte? Bedeutete nicht eine sorgfältige Verteidigung – und alles andere war sinnlos –, bedeutete nicht eine sorgfältige Verteidigung gleichzeitig die Notwendigkeit, sich von allem anderen möglichst abzuschließen? Würde er das glücklich überstehen? Und wie sollte ihm die Durchführung dessen in der

Bank gelingen? Es handelte sich ja nicht nur um die Eingabe, für die ein Urlaub vielleicht genügt hätte, obwohl die Bitte um einen Urlaub gerade jetzt ein großes Wagnis gewesen wäre, es handelte sich doch um einen ganzen Prozeß, dessen Dauer unabsehbar war. Was für ein Hindernis war plötzlich in K.s Laufbahn geworfen worden! ...

Aus: Franz Kafka: Der Prozeß. Frankfurt: Fischer Taschenbuch 676, S. 110 – 111 und 113 – 115

a) Hinweise zum Thema

Wie ein Blick auf die Aufgabenstellung zeigt, ist die genaue Kenntnis des Kafka-Romans "Der Prozeß" für die Bearbeitung dieses Themas unerläßlich. Besonders die Aufgaben 2 und 3 erfordern eine Gesamtbetrachtung des Werks, während die 1. Aufgabe eine genaue Untersuchung der beiden Textstellen verlangt. Da die Seitenzahlen angegeben sind, kann man leicht herausfinden, daß die beiden Textausschnitte im 7. Kapitel vorkommen, das innerhalb des Romans eine zentrale Position einnimmt. Die Bedeutung dieser Schlüsselstelle gilt es also herauszuarbeiten.

Über den Roman hinausgehende Kenntnisse sind laut Aufgabenstellung zwar nicht gefragt, können jedoch die Deutung wesentlich bereichern. Dies trifft vor allem auf die Biographie des Autors Franz Kafka und auf die Entstehungszeit des Romans sowie die damit in Zusammenhang stehende politische Lage zu.

Biographische Notiz

Nach dem Zweiten Weltkrieg haben die Werke Franz Kafkas die Literatur in der ganzen Welt so nachhaltig beeinflußt, daß sich viele Forscher in unzähligen Büchern und Aufsätzen um eine angemessene Beurteilung dieses Autors bemüht haben. Dabei stieg die Forschungsliteratur zu einer unüberschaubaren Fülle an, die eine einheitliche Deutung des literarischen Schaffens Kafkas nicht mehr erlaubt.

Der einzige Sohn der jüdischen Kaufmannsfamilie Kafka wurde am 3. Juli 1883 in Prag geboren. Mit seinen jüngeren Schwestern Elli, Valli und Ottla wuchs Franz Kafka in seiner zur österreichischen Donaumonarchie gehörenden Geburtsstadt auf. Nach dem Studium der Rechtswissenschaften an der Deutschen Universität in Prag wurde Kafka Praktikant am Landes- und Strafgericht seiner Heimatstadt, trat dann als Versicherungsangestellter in die "Assicurazioni Generali" ein und wechselte ein Dreivierteljahr später (1908) zur "Arbeiter-Unfall-Versicherungs-Anstalt", bei der er bis zu seiner Pensionierung 1922 blieb. Die Veröffentlichung von Prosaskizzen und einigen bedeutenden Erzählungen hatte nur geringen Erfolg. Ebenso scheiterten Kafkas Heiratspläne mit der Berlinerin Felice Bauer, die er 1912 kennenlernte und 1917 nach zwei Verlobungen verließ. Auch die Verlobung mit Julie Wohryzek löste Kafka 1920 wieder. Erst die Begegnung mit Dora Diamant veranlaßte Kafka, Prag zu verlassen und nach Berlin zu ziehen. Doch am 3. Juni 1924 starb der Autor, bei dem bereits 1917 eine Lungentuberkulose festgestellt worden war, in einem Sanatorium in Kierling bei Wien.

Franz Kafka gab zu seinen Lebzeiten nur einen Bruchteil seines Werks selbst heraus, obwohl er 1915 für seine Erzählungen den ursprünglich an Carl Sternheim verliehenen Fontane-Preis erhalten hatte. Die fragmentarischen Romane, die später den Prager Schriftsteller berühmt machten, wurden nach Kafkas Tod von Max Brod der Öffentlichkeit vorgelegt. Allerdings lassen sich über die Entstehungszeit der einzelnen literarischen Arbeiten nur ungefähre Angaben machen.

Wichtigste Werke

(die Jahreszahlen beziehen sich auf die Veröffentlichung)

1913 Das Urteil (Erzählung)
1915 Die Verwandlung (Erzählung)
1919 In der Strafkolonie (Erzählung)
1925 Der Prozeß (Roman)
1926 Das Schloß (Roman)
1927 Amerika (Roman)

Zur Entstehung des Romans "Der Prozeß"

Im August 1914, fast zeitgleich mit dem Ausbruch des Ersten Weltkrieges, beginnt Kafka mit der Niederschrift seines Romans "Der Prozeß". Allerdings spielt dieses welthistorische Ereignis in Kafkas Leben kaum eine Rolle, da der Schriftsteller wegen zu schwacher körperlicher Verfassung vom Militärdienst zurückgestellt wird und er überdies, äußerst untypisch für seine Zeit, die Kriegshandlungen verabscheut und mit Haß kommentiert. Entscheidender für die Entstehung des Romans sind persönliche Probleme Kafkas, insbesondere die quälende Entscheidung zwischen Heirat und Beruf. Die zweimalige Verlobung mit der Berlinerin Felice Bauer (Juni 1914 und Juli 1917) sowie die endgültige Trennung (Dezember 1917) hat im "Prozeß" deutliche Spuren hinterlassen, worauf besonders die Gleichheit der Initialen bei Felice Bauer und Fräulein Bürstner (F. B.) hinweist. Eine Heirat hätte Kafka zwar die Loslösung von dem teils gehaßten, teils geliebten Elternhaus ermöglicht, damit aber auch seinen Wunsch, die Tätigkeit bei der Versicherungsanstalt aufzugeben und freier Schriftsteller zu

werden, in weite Ferne gerückt. Die Angst vor einer Bindung und häufig auftauchenden Strafphantasien (vgl. die Erzählung "In der Strafkolonie") beschäftigen Kafka so sehr, daß seine literarische Schaffenskraft erheblich eingeschränkt wird und für Monate (vor allem im Jahr 1915) völlig zum Erliegen kommt. Dabei bahnen sich in den Jahren 1915 und 1916 mit der Publikation einiger Erzählungen, öffentlichen Lesungen und der Zuerkennung des Fontane-Preises durch den Dramatiker Carl Sternheim erste Erfolge an. Kafka versucht aber, durch viele Reisen, häufigen Wohnungswechsel und der nachmittäglichen Arbeit in einer Gärtnerei, einer Entscheidung im privaten Bereich auszuweichen. Es gelingt ihm zwar, zu seinem gehaßten Vater auf Distanz zu gehen, doch die Einrichtung einer eigenen Wohnung muß mit verstärkter Einsamkeit bezahlt werden. Außerdem führt die quälende Auseinandersetzung um eine Heirat zu einer öfter auftretenden Arbeitsunlust. Der Gedanke an eine Auflösung der Verlobung mit Felice Bauer läßt in Kafka erhebliche Schuldgefühle aufkommen. So kann es nicht verwundern, daß der Vorabend des 31. Geburtstages sowohl für Kafka als auch für seine Hauptfigur Josef K. eine wichtige Rolle spielt: Kafka fährt nach Berlin, um seine erste Verlobung zu lösen, während Josef K. umgebracht wird.
Um seinen Roman voranzubringen, nimmt Kafka im Oktober 1914 eine Woche Urlaub, den er dann um weitere acht Tage verlängert. Im Jahr 1916 kann er sich jedoch nicht dazu durchringen, einen reiflich erwogenen Antrag auf einen längeren Urlaub einzureichen. Auch Josef K. überlegt sich (im 7. Kapitel), ob er für seinen Prozeß um Urlaub nachsuchen soll. Obwohl sich Kafka immer wieder denselben Entscheidungszwängen ausgeliefert sieht, entstehen im Winter 1916/17 viele Erzählungen. Doch danach erfolgt ein erneuter Rückfall in Arbeitsunlust. Erst ein im August 1917 eingetretener Bluthusten und die Diagnose Lungentuberkulose veranlassen den Prager Schriftsteller, sich endgültig von seiner Verlobten zu trennen.

b) Grobgliederung

Zur erfolgreichen Bewältigung des Themas reicht eine genaue Arbeit an den vorliegenden Textstellen nicht aus. Eine gute Kenntnis des ganzen Romans muß unbedingt vorausgesetzt werden, wobei man vor allem viele Einzelheiten über den Prozeßverlauf und die Darstellung des Gerichts wissen sollte.

Obwohl sich die Fragestellung zu Kafkas "Prozeß" durch Klarheit und Eindeutigkeit auszeichnet, besteht die Gefahr, daß man die drei Aufgaben isoliert abhandelt, was zur Folge hat, daß es dem Aufsatz an innerer Geschlossenheit fehlt. Durch zwei Möglichkeiten ließe sich diesem Problem Abhilfe schaffen.

Zum einen sollte man bei der Bearbeitung der drei Aufgaben Zusammenhänge herstellen, indem man die angegebenen Textstellen und den Roman aufeinander bezieht. Besonders bei der Behandlung der Aufgaben 2 und 3 müßten Rückgriffe auf das 7. Kapitel, dem die zwei Textausschnitte entnommen sind, erfolgen. Zum anderen wären die Einleitung und der Schluß miteinander zu verflechten, so daß für den Aufsatz ein fester äußerer Rahmen geschaffen werden könnte.

Die Auseinandersetzung mit Aufgabe 3 kann ohne die Kenntnis von Interpretationen zu Kafkas Roman kaum erfolgreich bewerkstelligt werden. Zumindest sollten die Ergebnisse in dieser Angelegenheit durch die Wahl einer geeigneten Interpretationsmethode erzielt werden, wobei vor allem ein textimmanenter, ein biographischer oder ein soziologischer Deutungsansatz in Frage kommen würde. Dies bedeutet, daß man sich für eine Erklärung des Romantitels entweder ausschließlich auf die Texte (also die zwei Textstellen aus Kapitel 7 und den ganzen Roman) konzentriert oder Informationen zu Kafkas Leben bzw. zu den gesellschaftlichen Hintergründen dieser Epoche verwendet.

Hinsichtlich des Aufbaus enthält die Aufgabenstellung den Vorteil, daß der Hauptteil bereits vorgegeben ist. Jede der drei Aufgaben könnte in einem gesonderten Abschnitt behandelt werden, wobei jedoch inhaltliche Querverbindungen hergestellt werden müßten. Fast ohne Änderungen könnten wir für das vorliegende Thema unser Gliederungsschema übernehmen, das sich wie folgt realisieren ließe:

EINLEITUNG

Franz Kafka (1883 – 1924): Verfasser von Erzählungen und Romanen
Kafkas Leben → Widerspiegelung in seinen Werken
Roman "Der Prozeß": Inhalt, Entstehung, Aktualität

HAUPTTEIL

1. Interpretation der Textstellen
   Wie greift der Prozeß in K.s bisheriges Leben ein?
2. Verhältnis Textstellen – Roman
   - Wie sieht und beurteilt Josef K. das Gericht?
   - Bedeutung des 7. Kapitels für den Verlauf des Prozesses
3. Beurteilung / Stellungnahme
   Deutung des Titels "Der Prozeß"

SCHLUSS

Werk und Epoche: Kafkas Beurteilung des Ersten Weltkriegs
Kafkas Intention: Parabel des modernen Menschen

Für eine gute Stoffsammlung lassen sich die meisten Ergebnisse durch die werkimmanente Methode, also durch eine genaue Textarbeit, erzielen. Bei Aufgabe 3 bietet sich zusätzlich eine biographische Betrachtungsweise an, wobei Literatur als eine Art Selbsttherapie verstanden würde, d. h. man geht davon aus, daß Kafka seine privaten Probleme in einem fiktionalen Gebilde, nämlich einem Roman, dargelegt hat. Die Veranschaulichung der These "Schreiben als Lebenshilfe" erfordert Einblicke sowohl in die Psyche des Autors Franz Kafka als auch in das Innenleben seiner Romanfigur.

c) Gegliederte Stoffsammlung

Bei genauer Einhaltung der Aufgabenstellung könnte eine **Stoffsammlung** folgendermaßen aussehen:

1. Wie greift der Prozeß in K.s bisheriges Leben ein?
   a) K.s bisheriges Leben
      - berufliche Erfolge durch seinen Fleiß
      - positive Eigenschaften: Zuverlässigkeit, Gewissenhaftigkeit
      - Ehrgeiz: Konkurrenz zu Direktor-Stellvertreter
      - geregeltes, unbeschwertes Leben
      - Sorglosigkeit im Umgang mit seinem Prozeß
      - Verteidigung durch andere (z. B. Onkel, Advokat)

   b) Folgen des Prozesses (nach K.s Bewußtseinswandel)
      - K.s Entschluß, seine Verteidigung selbst in die Hand zu nehmen
      - Beeinträchtigung seiner Arbeitskraft
      - Vernachlässigung seiner Pflichten → schlechtes Gewissen
      - Gefahr des beruflichen Stillstands bzw. Rückschritts
      - Opferbereitschaft: Verzicht auf Freizeit, Hingabe an den Prozeß auf Kosten des beruflichen Aufstiegs
      - Gefahr des völligen Ausgeliefertseins an das Gericht
      - Angst: Ungewißheit über Ausgang des Prozesses
      - psychische Störungen: Ohnmachtsgefühl, Verfolgungswahn, Depressionen, Selbstzweifel
      - Minderwertigkeitsgefühle, Unzufriedenheit mit sich selbst

2. Wie sieht und beurteilt Josef K. das Gericht?
   a) Gerichtsräume
      - Sitzungssaal in einem verwinkelten Vorstadtmietshaus: heruntergekommener Zustand, Enge, stickige Luft, Schmutz
      - Gerichtskanzlei auf dem Dachboden: armselige Ausstattung, Enge, Dunkelheit, stickige Luft

b) Gerichtsbeamte
- rücksichtslos (Wächter)
- rechthaberisch, autoritär (Aufseher)
- unanständig (Untersuchungsrichter: Pornographie)
- bestechlich (Gerichtsdiener)
- sexuell freizügig (Frau des Gerichtsdieners)
- brutal, roh (Prügler)

c) Verfahren
- kompliziert, undurchschaubar
- verwirrend, erdrückend
- unklare Verteilung der Kompetenzen
- sinnlos: Verteidigung scheint unmöglich
- seltsame Regelungen verschiedener Arten von Freisprüchen
- widersprüchlich

d) Gericht
- K. erlebt nur die niedrigen Instanzen
- übermächtige und rätselhafte Institution
- verantwortlich für K.s Verhaftung und Hinrichtung

3. Wie ist der Titel "Der Prozeß" zu verstehen?

a) Verlauf eines Strafverfahrens: Wesensmerkmale
- Verhaftung
- Gerichtsverhandlungen
- Gespräche mit Rechtsanwälten
- "Prozeßordnung"
- Verteidigungsschrift
- Hinrichtung (Todesurteil)

b) Abweichungen von herkömmlichen Strafprozessen
- keine genaue Festlegung der Verfahrensregeln
- unklare Verteilung der Kompetenzen
- Anklageschrift nicht vorhanden
- Hinrichtung ohne Urteilsspruch
- Umstände der Hinrichtung

c) Erlebnis eines Alptraums
- Logik erscheint im Traum außer Kraft
- unbewältigte Wünsche (Traum als Wunscherfüllung: Beispiel Leni)
- Bedürfnis nach Anerkennung → Angst vor Versagen
- Ausleben von Aggressionen (K.s Auftritt im Sitzungssaal, K.s Verhalten gegenüber Frl. Bürstner)

- unbewußte Schuldgefühle
- widersprüchliche seelische Vorgänge

d) Literatur als Selbsttherapie des Autors (biographische Deutung)
- Franz Kafka = Josef K.? (gleicher Anfangsbuchstabe des Nachnamens)
- Gemeinsamkeiten Kafka – Josef K.: Entscheidungsschwäche, berufliche Erfolge – Probleme im Privatleben, Schuldgefühle, Grundstimmung: Ausweglosigkeit, Lösungen von außen
- Kafkas Verlobung: Felice Bauer = Fräulein Bürstner?
- Kafkas ambivalentes Verhältnis zu seiner Familie – K. und sein Onkel
- Hinrichtung als symbolischer Ausdruck der Selbstverachtung

d) Musteraufsatz

Franz Kafka: Der Prozeß

Das Leben des berühmten Prager Schriftstellers Franz Kafka (1883– 1924) war von selbstquälerischen Analysen und daraus folgenden depressiven Stimmungen geprägt. Seine Unfähigkeit, im privaten Bereich klare Entscheidungen zu treffen, spiegelt sich in seinem gesamten literarischen Schaffen wider. Dies gilt besonders für den Roman "Der Prozeß", der zu Beginn des Ersten Weltkrieges entstanden ist, also in einer Zeit, in der Kafka dem Konflikt zwischen Elternhaus und eigener Existenz, zwischen Heirat und Junggesellendasein sowie zwischen bürgerlichem Beruf und schriftstellerischer Tätigkeit ausgesetzt war. Auch der Protagonist des Romans weist ein an Spannungen reiches Innenleben auf, das im Kampf mit einer schwer durchschaubaren Macht noch verstärkt wird. Der Leser kann dabei das merkwürdige, ein Jahr währende Verfahren gegen den angesehenen 30jährigen Bankprokuristen Josef K. verfolgen, der auf seine Verhaftung zunächst mit Gleichgültigkeit und Leichtfertigkeit reagiert, sich jedoch immer mehr in den Prozeß hineinziehen läßt, bis er am Vorabend seines 31. Geburtstages auf brutale Weise hingerichtet wird.

Eine besondere Bedeutung kommt im Laufe des seltsamen Verfahrens dem 7. Kapitel zu, in dem das Leben der Hauptfigur Josef K. eine entscheidende Wende erfährt. Nach den heftigen Vorwürfen seines Onkels zeigt sich K. entschlossen, seinen Prozeß nicht mehr anderen zu überlassen, sondern die ganze Angelegenheit selbst in die Hand zu nehmen und sie mit dem ihr gebührenden Ernst zu verfolgen. Bedingt durch zunehmende Zweifel am Erfolg des vom Onkel empfohlenen Advokaten und durch seine immer deutlicher zutage tretende Ungeduld spielt K. mit dem Gedanken, selbst eine Eingabe an das Gericht zu entwerfen, um so seine Sache voranzutreiben. Der Bewußtseinswandel trifft Josef K. allerdings in einer heiklen Lage. Seine Aussichten auf einen beruflichen Aufstieg stehen so günstig, daß sie nicht durch einen erhöhten Zeitaufwand für seinen Prozeß beeinträchtigt werden dürften. Gleichzeitig erkennt der Angeklagte, daß aber auch ein lange andauerndes Verfahren seine Kräfte so in Anspruch nehmen würde, daß auch diese Möglichkeit für sein berufliches Fortkommen nicht förderlich sein kann, also nimmt er sich vor, seinen Prozeß so schnell wie möglich zu Ende zu bringen und dafür einen Großteil seiner Zeit zu opfern. Dabei ist er so sorgsam bedacht, sich nichts nach außen hin anmerken zu lassen, um seinem Konkurrenten, dem Direktor-Stellvertreter, keinen Vorteil beim gegenseitigen Kräftemessen um eine berufliche Verbesserung einzuräumen.

Das 7. Kapitel nimmt in dem ganzen Roman eine Schlüsselstellung ein, weil sich K. zum ersten Mal der Bedeutung seines Prozesses bewußt wird und einen für sein weiteres Leben entscheidenden Entschluß faßt. Er weiß, daß die Ausarbeitung einer Eingabe nicht nur seine ganze Freizeit, sondern auch wesentliche Teile seiner Arbeitszeit in Anspruch nehmen wird, ja daß diese Beschäftigung sogar über seine Pensionierung hinaus fortdauern könnte. Nach anfänglicher Ungewißheit kann er sich nun auch vorstellen, daß eine genaue Überprüfung seines bisherigen Lebens und eine bis in alle Einzelheiten ausgearbeitete Verteidigungsschrift von ihm gewaltige Opfer abverlangen wird. Deshalb denkt er sogar an einen Urlaub, obwohl ihn dieser in seiner Laufbahn entscheidend zurückwerfen könnte. Dabei enthält eine vorbehaltlose Hingabe an seinen Prozeß große Gefahren, die in K. erneute Zweifel auslösen. Josef K. würde sich durch die Verwirklichung seiner Absicht nicht nur vollständig der Macht des Gerichts aussetzen, er hätte noch nicht einmal die Gewißheit über einen erfolgreichen Ausgang. "Der Entschluß, seine Verteidigung selbst in die Hand zu nehmen, stellte sich ihm schwerwiegender dar, als er ursprünglich angenommen hatte." (Zeile 47–48) Diese immer deutlicher werdende Erkenntnis löst in dem Angeklagten K. eine Fülle unterschiedlichster Gefühle und Verhaltensweisen aus.

K.s erwachte Entschlußkraft und seine neu erlebte Willensstärke erfahren immer wieder einen Rückschlag. Nicht nur die schwer zu treffende Entscheidung zwischen beruflichem Fortkommen und Erfolg in seinem Verfahren, sondern auch das Erleben seiner Ohnmacht und der von ihm zunehmend empfundene Druck von außen lähmen seine Kräfte. Zweifel an der Hilfe des Advokaten und die Unkenntnis der genauen Anklage verstärken K.s innere Unausgeglichenheit. Seine Klagen über eine öfter auftretende Müdigkeit sowie sein Ärger über verträumte Stunden in seinem Büro nehmen zu. Der bisher stets fleißige und gewissenhafte Bankangestellte fühlt sich unwohl, wenn er seine Arbeit vernachlässigt, indem er wichtige Kunden warten läßt. Bei jedem Geräusch erschrickt er und glaubt sich von anderen durchschaut. Durch gesteigerte Geschäftigkeit versucht er deshalb, sein schlechtes Gewissen zu überspielen. Doch die Unzufriedenheit mit sich selbst, das Gefühl, von anderen ständig überwacht zu werden und das Bewußtsein über seine ausweglose Lage machen seinen Kopf so schwer, daß er sich mit kaltem Wasser Erleichterung zu schaffen versucht. Sofort stellen sich erneute Fragen über sein Vorgehen ein, die ihn von nun an nicht mehr loslassen und zu einer grundlegenden Veränderung seiner Persönlichkeit führen.

Josef K. sieht sich außerstande, irgendeine Tätigkeit ohne den Gedanken an seinen Prozeß auszuführen. Seine bisher zur Schau getragene Unbeschwertheit und sein sorgloser Lebenswandel gehören endgültig der Vergangenheit an. K.s. schon immer vorhandener Minderwertigkeitskomplex, sein damit verbundener Rechtfertigungszwang und sein unbändiger Ehrgeiz tragen zu einer Verschärfung dieses inneren Konflikts so nachhaltig bei, daß durch die gerichtliche Angelegenheit K.s ganze Existenz auf dem Spiel steht. Insofern erlebt der Leser in den vorliegenden Textausschnitten des 7. Kapitels einen Wendepunkt des Romans. K. glaubt noch, der ganzen Sache gewachsen zu ein, spürt aber gleichzeitig das bedrohliche Ausmaß der Gefahren für sein Dasein. Was K. das Leben besonders erschwert, ist seine neue Einschätzung des Gerichts. Bis zu dem Entschluß, seine Verteidigung selbst in die Hand zu nehmen, reagiert K. auf das Verhalten und die Entscheidungsweise des Gerichts nur mit Verachtung oder Geringschätzung. Schon die Räumlichkeiten sind nicht dazu angetan, K.s Bewunderung hervorzurufen. Der Sitzungssaal, in dem die erste Untersuchung durchgeführt wird, befindet sich in einem verwinkelten Vorstadtmietshaus und strahlt durch seinen heruntergekommenen Zustand alles andere als Würde aus. Die engen Verhältnisse des Raumes, die durch den ungeheuren Lärm der Versammlung, die stickige Luft und den unvorstellbaren Schmutz noch bedrückender werden, regen Josef K. zu heftigen Protesten und Zornesausbrüchen an. Als der Angeklagte die zweifelhaften Umstände der Prozeßführung erlebt, erreicht seine Empörung den Höhepunkt. Doch je mehr K. von der Gerichtswelt zu sehen bekommt, desto mehr paßt er sich den Bedingungen des Verfahrens an, und seine Kräfte lassen zunehmend nach. Infolgedessen erliegt der Protagonist des Romans einer Ohnmacht, als er die Gerichtskanzlei auf dem Dachboden erblickt. Die rohe, armselige Ausstattung, die räumliche Enge, die Dunkelheit und die dumpfe Luft wirken auf K. bedrohlich und lähmen seinen Widerstand. Bereits der Gedanke an seinen Prozeß ruft diese Erfahrung wieder wach, wie auch die angegebene Textstelle im 7. Kapitel zeigt: "wie war er doch dagesessen, schon vom bloßen Entschluß, sich selbst zu verteidigen, gänzlich benommen?"

Auch bei der Begegnung mit den Gerichtsbeamten macht K. nacheinander alle Verhaltensweisen von der erbitterten Gegenwehr bis zur völligen Resignation durch. Am Anfang rufen das rücksichtslose Auftreten der Wächter, die Zurechtweisungen des Aufsehers und die unanständige Lebensweise des Untersuchungsrichters, der sich während des Prozesses mit Schundliteratur und Pornographie beschäftigt, Josef K.s tiefsten Abscheu hervor. Die Bestechlichkeit des Gerichtsdieners und die sexuelle Freizügigkeit seiner Frau tragen ebenso dazu bei, daß K. die Gerichtswelt als äußerst korrupt und verdorben verurteilt. Doch der Angeklagte macht sich auch schnell viele dieser Erfahrungen zu eigen und imitiert das Verhalten des Gerichtspersonals, indem er mit Fräulein Bürstner genauso rücksichtslos umgeht und das Dienstmädchen seines Advokaten verführt. Er nimmt bald die Unordentlichkeit und Zweifelhaftigkeit der Gerichtswelt als gegeben hin und versucht, aus dieser veränderten Einstellung Vorteile für seinen Prozeß zu schlagen. Deshalb läßt er sich auf Gespräche mit dem Gerichtsdiener oder dem Maler Titorelli näher ein. Vor allem im 7. Kapitel beweist Josef K., daß er die Bedingungen des Gerichts akzeptiert, indem er zu dem Entschluß kommt, eine Eingabe zu entwerfen.

Allerdings erscheint K. das ganze Gericht umso sinnloser und undurchsichtiger, je mehr er sich mit seinem eigenen Prozeß befaßt. Nicht nur das ihm immer zahlreicher vorkommende Personal, sondern vor allem die sich allmählich offenbarende Kompliziertheit des Verfahrens stürzt den Angeklagten in völlige Verwirrung, so daß er schließlich nicht mehr weiß, wo er wirklich Hilfe findet. Die Einsicht, daß nicht direkt zum Gericht gehörende Personen, wie z. B. Advokaten, der Maler oder der Fabrikant, unter Umständen über einen größeren Einfluß verfügen können als die Gerichtsangehörigen selbst, vermehrt K.s Fassungslosigkeit.

Zudem trägt das undurchschaubare Verfahren mit seinen verschiedenen Arten von Scheinfreisprüchen, seinen zahlreichen seltsamen Regelungen und seiner widersprüchlichen Vorgehensweise erheblich dazu bei, daß K.s Nervosität zunimmt und er das Gefühl nicht mehr los wird, überall verfolgt und gehetzt zu sein. Dieser Eindruck verstärkt sich für den Angeklagten im 7. Kapitel umso mehr, als er die berufliche Bedrohung durch seinen Konkurrenten, den Direktor-Stellvertreter, immer deutlicher wahrnimmt. Da K. trotz seiner Bemühungen nie über die niedrigen Gerichtsinstanzen hinauskommt, aber die Berechtigung des Prozesses immer mehr einsieht, erscheint ihm das ganze Gerichtswesen als übermächtig und rätselhaft. Nicht zuletzt seine resignative Grundhaltung führt dazu, daß sich K. am Ende wehrlos abholen läßt und wie selbstverständlich seine Hinrichtung akzeptiert.

Der Anfang und das Ende des Romans bilden den äußeren Rahmen eines Prozesses, der mit einer Verhaftung beginnt und mit der Hinrichtung des Delinquenten schließt. Auch andere Wesensmerkmale eines Strafverfahrens kommen in Kafkas Werk vor. Es finden Gespräche mit Rechtsanwälten statt, es wird über die "Prozeßordnung" gesprochen, es werden Gerichtsverhandlungen durchgeführt, und im 7. Kapitel nimmt sich der Angeklagte vor, eine Verteidigungsschrift auszuarbeiten. Allerdings enthalten schon diese Etappen zahlreiche Besonderheiten, die von einem herkömmlichen Prozeß erheblich abweichen. So findet sich im Roman z. B. kein Wort über die Kompetenzen der Advokaten, die Verfahrensregeln sind nirgends festgelegt und erscheinen zwielichtig, und demzufolge muß auch die Untersuchung im Sitzungssaal den Leser verblüffen. Daß K. eines Morgens völlig überraschend verhaftet wird, jedoch nie eine Anklageschrift zu Gesicht bekommt und ohne Urteilsspruch hingerichtet wird, legt die Vermutung nahe, daß das Gericht nach reiner Willkür handelt und dabei barbarisch vorgeht. Da die Abweichungen von einem gewöhnlichen Verfahren zu offenkundig sind, hat also der Titel von Kafkas Roman nur indirekt etwas mit einem Strafprozeß zu tun. Schon eher drängt sich der Eindruck auf, daß das Werk des Prager Schriftstellers das Erlebnis eines Alptraums wiedergibt, denn im Traum erscheint die Logik zum großen Teil außer Kraft gesetzt. Wenn man K.s Angsttraum näher betrachtet, fällt auf, daß auf den jungen Bankangestellten sowohl unbewältigte Wünsche (vor allem im Zusammenhang mit Frauen) als auch Forderungen seiner Umgebung einstürmen, also eine lebhafte Auseinandersetzung mit der Realität stattfindet. Das tadellose, korrekte und gewissenhafte Verhalten K.s stellt nur eine Fassade dar, hinter der sich unerfüllte Ansprüche in sexueller und gesellschaftlicher Hinsicht verbergen. Das Bedürfnis nach Anerkennung und das Interesse für das andere Geschlecht sind in K. so stark verwurzelt, daß er sie einerseits durch Aggressionen zu verwirklichen sucht, sie andererseits aber auch durch übermäßige Schuldgefühle unterdrückt, weil er weiß, daß seine Vorgehensweise gesellschaftliche Normen verletzt. Diese widersprüchlichen Vorgänge in K.s Innenleben machen deutlich, daß sich der junge Mann selbst auf die Anklagebank setzt und einen Entwicklungsprozeß durchmacht. Damit wäre auch zu erklären, warum das Gerichtsverfahren so undurchsichtig und konfus erscheint: K. besitzt nämlich keine gesicherten Meinungen über gesellschaftliche Probleme, die ihm ein gewisses Verhalten nahelegen könnten. Weil er gleichzeitig aber spürt, daß er seine Taten und Wünsche vor sich selbst rechtfertigen muß, beginnt er, über Alternativen nachzudenken. So läßt sich der Roman als ein innerer Reifeprozeß der Hauptfigur begreifen, die sich jedoch, bedingt durch die mangelnde Selbstsicherheit und die überfordernden Ansprüche der Außenwelt, denen K. hilflos gegenübersteht, am Ende in einem Anflug von Selbstverachtung jegliche Daseinsberechtigung abspricht.

Berücksichtigt man die Biographie des Schriftstellers Kafka, so könnte man den "Prozeß" auch als einen Versuch deuten, mit Hilfe der Literatur private Konflikte zu bewältigen. Der identische Anfangsbuchstabe K beim Nachnamen läßt vermuten, daß sich Kafka hinter seiner literarischen Figur Josef K. verbirgt. Kafkas Zweifel, ob er mit seiner zweimaligen Verlobten Felice Bauer eine glückliche Ehe eingehen könnte, spiegelt sich in K.s schwankender Zuneigung zu Fräulein Bürstner wider. Auch das ambivalente Verhältnis Kafkas zu seiner Familie kommt in der widersprüchlichen Beziehung zwischen K. und seinem Onkel zum Ausdruck. Sowohl der Autor als auch die Hauptperson des Romans können im Berufsleben auf beachtliche Erfolge verweisen, während sie im privaten Bereich nicht zurechtkommen. Da sich Kafka zwischen Elternhaus und eigener Familie, zwischen Heirat und Junggesellendasein sowie zwischen solidem Beruf und literarischer Arbeit nicht entscheiden kann, empfindet er seine Lage als aussichtslos. Jede Festlegung für eine Sache bedeutet Verrat gegenüber der anderen Seite, so daß zwangsläufig Schuldgefühle zustande kommen. Kafkas Lebensunfähigkeit wird nun in einem symbolischen Akt unter Anklage gestellt. Der Protagonist Josef K. fühlt sich wie sein "geistiger Vater" verfolgt und in die Enge getrieben, weil die anstehenden Entscheidungen dringend getroffen werden müssen, aber aus persönlicher Schwäche nicht gefällt werden können. Das Gericht bleibt genauso im dunkeln wie Kafkas unbewußte Regungen, die zwar als existent empfunden, aber nicht beschrieben und schon gar nicht gedeutet werden können. Schon vor dem Ausbruch seiner Lungentuberkulose, die 1924 Kafkas Leben ein Ende setzt, gibt sich der Dichter sein eigenes Todesurteil, das den elegantesten Ausweg aus dem ganzen Dilemma darstellt, weil die Entscheidung "von außen" kommt.

Der Autor Kafka beschreibt also in seinem Roman einen Prozeß der Selbstzerstörung, ohne auf Auswege aus diesem Verlauf zu verweisen. Bezieht man die Entstehungszeit des Werks, d. h. die beiden Anfangsjahre des Ersten Weltkrieges, in seine Überlegungen mit ein, gelangt man zu dem Ergebnis, daß Kafka eine Parabel des modernen Menschen geschrieben hat, der sich zunächst ahnungslos in einen Krieg hineinziehen ließ, sich dann aber immer deutlicher der Gefahren bewußt wird, aus denen schließlich kein Entrinnen mehr möglich ist, weil die Mechanismen der Zerstörung außer Kontrolle geraten sind. Franz Kafka verdeutlicht also an der alptraumartigen Geschichte des Bankangestellten Josef K. das von ihm vorausgeahnte Schicksal seiner eigenen Epoche: die Selbstzerstörung der abendländischen Zivilisation.

e) Alternativen, Ergänzungen

Ein Aufsatz über Kafkas "Prozeß" wird stark von der Deutung des Titels abhängen, denn dadurch entscheidet sich, was hinter dem konkreten Geschehen des Romans (K.s Leben, die Gerichtswelt) wahrgenommen wird. Eine gute Interpretation wird demnach sowohl eine genaue Beschreibung des Vordergründigen als auch eine auf das Symbolische hinweisende Erklärung enthalten. Dabei spielt eine Analyse des Gerichts und seiner Erscheinungsweise ebenso eine wichtige Rolle wie die Gesamtbetrachtung des Romans, die vom Titel aus vorgenommen werden kann.

Bei der Erläuterung der **Gerichtswelt** könnte noch auf einige entscheidende Gesichtspunkte hingewiesen werden, die alle erhebliche Auswirkungen auf die Bearbeitung des Themas hätten:

- Das Gericht wird von der Schuld angezogen. Es greift aber nur an einigen, dafür ausschlaggebenden Stellen in K.s Leben ein. Trotz der Zurückhaltung der Gerichtsbehörden fühlt sich K. immer mehr verfolgt, bis er unter einem Verfolgungswahn leidet (s. Domszene, 9. Kapitel).

- Zu K.s "normalem Leben" stellt das Gericht eine gegensätzliche Welt dar. Die Neugier gegenüber etwas Fremdem zieht Josef K. an, während er durch die seinen sittlichen Vorstellungen widersprechende Unmoral abgestoßen wird. Dieses Spannungsverhältnis von Gewöhnlichem und Ungewöhnlichem drückt sich in K.s widersprüchlichem Verhalten aus.

- Von zentraler Bedeutung für Kafkas Roman ist die Schuldfrage. Josef K., der vom Gericht keines bestimmten Vergehens beschuldigt wird, beteuert seine Unschuld, bemüht sich jedoch auch heftig um seine Rechtfertigung – ein Umstand, der auf eine unbewußt vorhandene Schuld schließen läßt. Da K. das Gesetz nicht kennt, fehlen ihm auch ethisch-moralische Maßstäbe zur Beurteilung seines Falles. Man kann sich fragen, ob K. den modernen Menschen repräsentiert, dem durch die Krise des 20. Jahrhunderts seine religiösen Grundsätze abhanden gekommen sind.

- K.s Einstellung gegenüber dem Gericht ist starken Wandlungen unterworfen. Während der Protagonist des Romans seine Verhaftung noch als Spaß seiner Kollegen oder als Komödie ansieht und am Anfang nur wenig für seine Verteidigung unternimmt, akzeptiert er im Verlauf der Handlung seinen Prozeß immer mehr und geht willig auf die Bedingungen des Gerichts ein, bis er zum Schluß zu seiner Hinrichtung abgeführt wird, ohne sich zu wehren. Allerdings verhält sich K. von Beginn an paradox. Obwohl er hinter seiner Verhaftung einen Scherz seiner Kollegen vermutet, reagiert er mit bitterem Ernst und setzt sich heftig zur Wehr.

- Dem Leser wird die Gerichtswelt aus K.s Sichtweise vermittelt. Bedingt durch Kafkas Erzähltechnik (erlebte Rede), dringt auch der Leser nicht tiefer in die Geheimnisse des Prozesses ein als die Romanfigur selbst. Die von Josef K. als absolut erlebte Bürokratie spiegelt auch sein Mißverhältnis zu seiner Umgebung wider und scheint infolgedessen für seine Erlebensweise typisch zu sein.
- Manche Interpreten haben versucht, das Gericht als göttliche Instanz zu deuten, vor der sich der Mensch zu verantworten habe. Bei dieser Auffassung muß man jedoch bedenken, daß das Wesen des Gerichts in Kafkas Roman dem Prinzip des Guten und Vollkommenen zuwiderläuft.

Für die Gesamtbetrachtung des Kafka-Romans sind je nach Interpretationsmethode unterschiedliche Vorgehensweisen denkbar, wobei jedoch auch entscheidend ist, wie weit man sich vom Text entfernt.

- Schon der Begriff "Prozeß" hat eine mehrfache Bedeutung, da er sowohl ein Gerichtsverfahren als auch eine Entwicklung oder einen Verlauf bezeichnet. Zweifellos macht auch K. in der im Roman dargestellten Zeitspanne zwischen seinem 30. und 31. Lebensjahr eine Entwicklung durch, die exakt beschrieben werden kann. K.s Veränderungen sind vor allem an seinem Verhalten gegenüber dem Gericht ablesbar, die von anfänglicher Auflehnung bis zur völligen Erniedrigung ("Wie ein Hund!" – siehe Romanende) führt.
- Der Roman kann auch als Schilderung eines Bewußtseinsprozesses gedeutet werden. Dabei würde das Schuldgefühl, das allmählich "erwacht" und sich bis zur Erkenntnis des eigenen Versagens entwickelt, im Vordergrund stehen.
- Ein biographischer Ansatz müßte K.s Selbstanklage im Vergleich mit Lebenserfahrungen des Autors Franz Kafka analysieren. Charakterliche Defizite wie Lieblosigkeit und Gefühllosigkeit sowie Kontaktarmut und die Unfähigkeit zu fester Bindung spielen dabei eine entscheidende Rolle. Als Beweismaterial dienen die Briefe (auch der "Brief an den Vater"), die Tagebücher sowie das gesamte literarische Werk des Prager Schriftstellers.
- Auf psychologischem Gebiet wäre es aufschlußreich, den Zusammenhang von Sexualität und Gewalt zu untersuchen. Mehrere wichtige Szenen (z. B. der Prügler, K.s Umgang mit Leni und Fräulein Bürstner) können auch in dieser Hinsicht zu Ergebnissen beitragen, gleichzeitig aber auch das Verhältnis von Macht und Ohnmacht, Unterdrückung und Unterwerfung beleuchten.

- Interpreten aus dem Umfeld des Existentialismus haben besonders auf den Konflikt zwischen Freiheit und Selbstaufgabe hingewiesen. Josef K., der aus Phantasielosigkeit keine Alternative zu seiner verfehlten Lebensweise kennt, ist hilflos seinem Schicksal ausgeliefert und verstrickt sich bis zu seinem Untergang immer mehr in seine Schuld. Durch die schrittweise Preisgabe seiner Freiheit macht er sich dabei zunehmend von dem Gericht abhängig.
- In theologisch bestimmten Deutungen ist ebenfalls eindringlich von der Schuldfrage die Rede, wobei oft die Erbsünde als eine wesentliche Bedingung der menschlichen Existenz beschrieben wird. Begriffe wie Moral, Sühne, Gerechtigkeit, Gnade werden an Josef K.s Entwicklung erläutert.
- Wenn man den Roman von seinem zeitgeschichtlichen Hintergrund aus betrachtet, drängen sich Fragen nach Kafkas Einstellung gegenüber dem Ersten Weltkrieg auf. Der Militärdienst läßt sich in diesem Zusammenhang als die Forderung einer herrschenden Macht nach Unterwerfung interpretieren. Die Schilderung der Außenseiterrolle Kafkas, der in Prag der jüdischen Minderheit des Habsburger Reiches angehörte, kann durch eine gesellschaftspolitische Analyse seiner Lebensumstände vertieft werden.
- In der Türhüter-Parabel ("Vor dem Gesetz", 9. Kapitel) ist die widersprüchliche und komplizierte Prozeßwelt auf die Beziehung zwischen dem Mann vom Lande und dem Gesetz bzw. dem Wächter reduziert. Besonders die paradoxe Ausgangslage (die Tür steht offen, doch der Mann kann nicht eintreten) kann diese Parabel zum Ausgangspunkt für eine Deutung des Romans machen.

Bei der Erarbeitung der Aufgabe 3 kann im Grunde die ganze Forschungsliteratur zu Kafka herangezogen werden. Deshalb können die hier vorgestellten Aspekte nur eine Auswahl für weitere Anregungen zu dem Thema darstellen.

6. Musterbeispiel – J. W. von Goethe: Iphigenie auf Tauris

Textgrundlage:
4. Aufzug, 5. Auftritt, Verse 1571 – 1679 und
4. Aufzug, 5. Auftritt, Verse 1689 – 1717

Aufgabe

- Erläutern Sie – ausgehend von ihrem Gespräch mit Pylades (4. Aufzug, 4. Auftritt) und dem sich anschließenden Monolog (4. Aufzug, 5. Auftritt) – den seelischen Konflikt, in dem sich Iphigenie befindet.
- Stellen Sie dar, wie dieser Konflikt gelöst wird, und entwickeln Sie in diesem Zusammenhang den das Schauspiel prägenden Humanitätsgedanken.

a) Hinweise zum Thema

Goethes "Iphigenie auf Tauris" gilt als Musterbeispiel eines Dramas der deutschen Klassik. Der Autor beschäftigte sich acht Jahre intensiv mit dem Stoff, den er hauptsächlich aus dem Werk "Iphigenie bei den Tauern" des griechischen Dichters Euripides (480–406 v. Chr.) kannte.

Zur Entstehung des Schauspiels

Vermutlich erhielt Goethe die erste Anregung zu einem Iphigenie-Drama von seinem Kollegen Christoph Martin Wieland, der 1778 für den Opernkomponisten C. W. Gluck eine Kantate schreiben sollte. Dieser Auftrag wurde an Goethe weitergegeben. Drei Jahre später sollte Goethe für das Weimarer Herzogspaar anläßlich der Geburt ihrer Tochter Luise Auguste Amalie ein Festspiel mit einer weiblichen Hauptfigur verfassen. Entscheidend für die erste Fassung, die am 14.2.1779 begonnen wurde, dürfte auch die Beziehung des Autors zu Charlotte von Stein gewesen sein, denn diese Frau stellte durch ihre Besonnenheit und ihren mäßigenden Einfluß auf den jungen Goethe das Urbild der Iphigenie dar. Ebenso spielten wohl literarische Anregungen eine Rolle: Goethes Freund Gotter hatte bereits 1774 eine Tragödie über Orest und Elektra veröffentlicht, und 1778 waren zwei lateinische Übersetzungen der "Iphigenie" des Euripides erschienen, wovon eine durch die Gegenüberstellung der lateinischen Fassung mit dem griechischen Urtext Goethe besonders gute Dienste leistete.
Innerhalb von sechs Wochen schrieb Goethe ein Schauspiel in Prosa, das, wie wir aus einem Tagebucheintrag des Dichters wissen, am 28.3.1779 abgeschlossen war. Trotz der kurzen Entstehungszeit gab es wegen Goethes großer Arbeits-

belastung im Weimarer Staatsdienst Unterbrechungen. Berühmt wurde vor allem der Brief, den Goethe während der Rekrutenaushebung in dem notleidenden Ort Apolda an Frau von Stein schrieb (6. 3. 1779), in dem es heißt: "Hier will das Drama gar nicht fort, es ist verflucht, der König von Tauris soll reden als wenn kein Strumpfwürcker in Apolda hungerte ..." Schon am 6. 4. 1779 wurde die "Iphigenie" im Privattheater des Herzogs in Weimar aufgeführt, wobei Goethe selbst die Rolle des Orest übernahm. Da Goethe über die Prosafassung unzufrieden war und "mehr Harmonie im Stil" (Brief an J. C. Lavater, 13. 10. 1780) anstrebte, arbeitete er sein Drama zweimal um. Dabei entstand 1780 eine erste Gestaltung in Versform, die jedoch schon im folgenden Jahr aufgrund von sprachlichen Unzulänglichkeiten erneut in Prosa gesetzt wurde. Erst auf seiner Italienreise nahm Goethe eine grundlegende Veränderung des Schauspiels in sprachlicher und inhaltlicher Hinsicht vor, so daß am 29. 12. 1786 die uns heute bekannte, in fünfhebigen Jamben (Blankvers) abgefaßte Fassung abgeschlossen wurde. Allerdings stieß die Veröffentlichung 1787 auf kein großes Interesse des Publikums. Deshalb trat Goethe an Schiller 1802 mit der Bitte heran, die "Iphigenie auf Tauris" für die Bühne zu bearbeiten. Am 15. 5. 1802 wurde somit Goethes Schauspiel zum ersten Mal aufgeführt.

b) Grobgliederung

Die Aufgabenstellung geht von zwei zusammenhängenden Textstellen aus, die (in der 2. Aufgabe) mit dem ganzen Schauspiel in Beziehung gesetzt werden. Bereits die Formulierung der beiden Aufgaben macht deutlich, daß eine inhaltliche Einheit des Aufsatzes angestrebt werden soll, in dem der Humanitätsgedanke Goethes im Mittelpunkt steht.
Eine **Gliederung** könnte demnach folgendermaßen aussehen:

EINLEITUNG

J. W. von Goethe (1749 – 1832): "Iphigenie auf Tauris", Schauspiel der deutschen Klassik
Herkunft des Stoffes (griechischer Mythos: Tantaliden)
Entstehung des Dramas
Kurze Inhaltsangabe des Dramas

HAUPTTEIL

1. Textstellen: Iphigenies Gespräch mit Pylades
   - (4. Aufzug, 4. Auftritt und 4. Aufzug, 5. Auftritt)
   - Iphigenies seelischer Konflikt

2. Lösung des Konflikts
   Inhalt des 5. Aufzugs
3. Goethes Humanitätsbegriff (in seinem Schauspiel "Iphigenie auf Tauris")

SCHLUSS

Goethes "Iphigenie" als Musterbeispiel der deutschen Klassik
Begriff der Humanität
Allgemeine Deutung der "Iphigenie auf Tauris"
Aktualität des Schauspiels

Für den **Hauptteil** des Aufsatzes könnte man folgende Aspekte erwähnen:

1. Iphigenies seelischer Konflikt (Textstellen IV, 4 und IV, 5):
   - Wunsch nach Aufrichtigkeit ("reine Seele") – Gefahr des Scheiterns der beabsichtigten Flucht
   - Rettung des Bruders Orest nur durch Täuschung des Thoas möglich?
   - ambivalente Beurteilung des Thoas: Wohltäter an Iphigenie – Gefahr für Orest
   - Kampf zwischen Verstand (Rettung mit allen Mitteln) und Gefühl (Ablehnung der von Pylades vorgeschlagenen Mittel)
   - Zögern erhöht die Gefahr – ein schneller Entschluß verstärkt die innere Unzufriedenheit
   - Iphigenies Wunsch nach mehr Kühnheit – Bekenntnis zu ihren Gefühlen
   - Heimkehr nach Mykene bedeutet Erfüllung einer Hoffnung, aber auch Verzicht auf Götterdienst in Tauris und Verlasen von Freunden (einschließlich Thoas)
   - Wunsch nach Aufhebung des Familienfluches – doch dies ist nur mit "reiner Hand und reinem Herzen" möglich (Verrat an Thoas und Raub des Götterbildes zerstören Iphigenies Reinheit)
   - Gefühl der Ausweglosigkeit – Vertrauen auf Götter:
     Iphigenie glaubt, durch jede Art des Handelns schuldig zu werden. deshalb können ihrer Meinung nach nur noch die Götter die Konflikte so lösen, daß auch Iphigenies Reinheit bewahrt bleibt.
2. Lösung des Konflikts (5. Aufzug):
   - Iphigenies Erkenntnis, daß der Mensch durch eigene Aktivitäten seine Probleme lösen muß
   - Iphigenie bekennt sich zu ihrer Verantwortung.
   - Iphigenies Entschluß, Thoas den Fluchtplan zu gestehen
   - Iphigenies Vertrauen bewirkt bei Thoas eine tiefgreifende Meinungsänderung.

- Durch Iphigenies Beharrlichkeit gibt Thoas seinen Haß auf und verabschiedet die Griechen als Freunde.
- Ohne Thoas' innere Wandlung (Verzicht auf Rache, Aussöhnung, Einsicht) wäre eine Lösung von Iphigenies Konflikt nicht möglich.

3. Goethes Humanitätsbegriff:

Goethes Schauspiel zeigt den Menschen im Zwiespalt zwischen Schicksal und eigener Verantwortung, zwischen Schuld und Willensstärke. Die Humanität ("reine Menschlichkeit") muß vom Menschen in der Auseinandersetzung mit diesen Kräften erkämpft werden.

- Humanität ist erst durch die Besinnung des Menschen auf seine Fähigkeiten möglich: Iphigenie muß ihre Konflikte selbst lösen, anstatt nur auf die Hilfe der Götter zu hoffen.
- Humanität ist auf den Wahrheitswillen des Menschen angewiesen: Orests Heilung vollzieht sich durch sein Geständnis.
- Humanität kann nicht durch reines Nützlichkeitsdenken (siehe Pylades) verwirklicht werden: Iphigenie sichert die Rettung besser durch Aufrichtigkeit als durch Flucht.
- Humanität bleibt auf das Vertrauen in die Menschlichkeit anderer angewiesen: Iphigenie appelliert an Thoas' Einsicht.
- Iphigenies Humanitätsideal ist mit verschiedenen Werten wie Treue, Ehrlichkeit, Pflichtgefühl und Freundschaft verbunden.
- Humanität bedeutet Verzicht auf instinktives Handeln: Der "Barbar" Thoas läutert sich erst durch die Überwindung seines Rachebedürfnisses zum "zivilisierten" Menschen.
- Ohne die Übereinstimmung von Vernunft und Gefühl sowie von Denken und Handeln kann "reine Menschlichkeit" nicht erreicht werden: Iphigenies Offenheit gegenüber Thoa stellt ihren Seelenfrieden wieder her.
- Humanität setzt die Besinnung auf die Existenzbedingungen des Menschen voraus: Iphigenies "Glück" muß mit Verzicht und Opferbereitschaft erkauft werden.
- Humanität gründet sich auf die Veränderbarkeit des Menschen: Die Lösung der Konflikte ist erst durch Thoas' Wandlung möglich.

VI. Musteraufgaben

1. Problemerörterung

Aufgabe

Erfolgreiche Romane werden heutzutage nach kurzer Zeit verfilmt.
Buch und Film – eine Alternative oder eine Ergänzung?
Erörtern Sie diese Frage anhand von Beispielen.

Lösungsvorschlag

Sogenannte Bestseller auf dem Büchermarkt verlocken Regisseure zu einer schnellen Verfilmung. Die Überlegung, daß der Stoff eines vieltausendfach verkauften Romans sein Kinopublikum automatisch finden wird, so daß also ein großer finanzieller Erfolg in Aussicht steht, spielt dabei eine wichtige Rolle, zumal auch der Autor und sein Verlag an diesen Gewinnen prozentual beteiligt werden. Aber ist unter diesen Umständen eine werkgetreue Verfilmung überhaupt möglich, oder sind Buch und Film nicht doch zu unterschiedliche Medien?

Eigenheiten des Buchs

- Aufgrund seiner Länge ist der Leser gezwungen, sich (zeitlich) intensiver mit seinem Inhalt auseinanderzusetzen.
- Der Autor kann zwar seine Geschichte mit genauesten Beschreibungen versehen, aber seinem Leser bleibt dennoch viel Spielraum, sich eine eigene Vorstellung von dem Geschilderten aufzubauen.
- Ein Roman, der ein großes Lesepublikum erreichen will, sollte zwar die Handlung in den Vordergrund stellen, aber es bleibt auch viel Platz für detaillierte Beschreibungen oder ausführliche Kommentare des Erzählers.
- Das Romangeschehen wird dem Leser durch einen Erzähler vermittelt, der seine Geschichte sehr subjektiv oder auch distanziert und neutral wiedergeben kann. Die Sichtweise und das Urteil des Lesers werden damit geprägt.

Eigenheiten des Films

- Ein Film dauert in der Regel anderthalb bis zwei Stunden und fordert somit vom Zuschauer viel weniger Zeit ab als vom Leser. In unserer schnellebigen Zeit erscheint der Film damit attraktiver als das Buch.
- Der Film zeigt den Schauplatz der Handlung und die handelnden Personen direkt, so daß eine eigene Vorstellungswelt der Zuschauer nicht mehr möglich ist.

- In einem Film, der ein Massenpublikum erreichen will, sollte die Handlung im Vordergrund stehen. Die Spannung muß bis zum Ende anhalten. Allzu viele Einzelheiten, ausführliche Beschreibungen oder lange Kommentare wirken störend. Doch aus diesem Grund scheint eine Verfilmung oft oberflächlicher als der Roman. Daher ist es kein Wunder, daß die begeisterten Leser vom Film meistens enttäuscht sind.
- In der Regel erlebt der Zuschauer das Geschehen in einem Film unvermittelter und direkter als der Leser die Geschichte in einem Roman. Lange Vorreden oder Einführungen in eine Handlung kann sich der Film nicht leisten. Ein Erzähler, der die dargestellten Ereignisse kommentiert, kommt im Film nur gelegentlich vor.

Beispiele verfilmter Romane

- "Vom Winde verweht" – Fortsetzung "Scarlett"
- Verfilmungen von Simmel-Romanen: "Die Antwort kennt nur der Wind", "Es muß nicht immer Kaviar sein" usw.
- "Herbstmilch"
- "Dornenvögel"
- "Die Blechtrommel"
- "Die Bertinis"
- "Der Name der Rose"
- "Homo faber"

Film als Alternative zum Buch

- Menschen, die von einem dicken Roman abgeschreckt werden, können mit wesentlich weniger Zeitaufwand den entsprechenden Film anschauen und sind damit über das Wesentliche des Bestsellers informiert.
- Der Film greift das Wichtigste aus einem Roman heraus, er kürzt lange Dialoge und Kommentare und läßt manche Nebenhandlungen weg. Er kann also als eine "konzentrierte Fassung" des Buches angesehen werden.
- Der Film ermöglicht dem Leser, der nicht soviel Zeit hat, eine bessere Entscheidung darüber, ob es sich lohnt, das entsprechende Buch überhaupt zu lesen.
- Aufgrund seiner Voraussetzungen ist der Film ein eigenständiges Medium, das dem Buch einiges voraus hat: Der Film spricht mehr Sinne an (Sehen und Hören), vermittelt durch die Kombination von Handlung, Sprache und Musik/Geräusche ein ganzheitliches Erlebnis, liefert eine bunte ansprechende Bilderwelt und verheißt mehr Dramatik.

- Aus "dramaturgischen" Gründen ist der Regisseur oft gezwungen, die Geschichte eines Romans zu verändern. Eine lange Personenliste wird verkürzt, der Schauplatz wird verlegt, die Handlung wird dramatisch zugespitzt, und das Ende wird vollständig verändert. Insgesamt entsteht manchmal durch den Film eine neue Geschichte.

Film als Ergänzung zum Buch

- Viele Leser sehen sich die Verfilmung eines Romans an, um die positiven Erinnerungen an das Buch wiederaufzufrischen und ihre Leseerlebnisse von damals wieder wachzurufen. Allerdings bleiben dabei Enttäuschungen nicht immer aus, weil der Film nicht hält, was das Buch versprach.
- Manches aus einem Roman erscheint einem Leser fremd, weil er die Schauplätze nicht kennt oder sich die handelnden Personen nicht richtig vorstellen kann. Der Film kann helfen, mit seiner Bildersprache die nicht verstandenen Stellen des Buches zu klären und zu verdeutlichen.
- Viele Menschen fühlen sich durch einen Film so angesprochen, daß sie hinterher zum Buch greifen, um sich mit der darin geschilderten Thematik weiter auseinanderzusetzen. Auf diese Weise werden manche erst durch den Film als (dauerhafte?) Leser gewonnen.
- Wer zuerst den Film sieht, kann sich bei der anschließenden Lektüre besser auf die Kommentare oder die Nebensächlichkeiten konzentrieren und so die Feinheiten eines Buches erst richtig wahrnehmen.
- Es gibt Leser, die nach dem Anschauen des Films wieder auf das Buch zurückkommen und einzelne Stellen nachlesen und anschließend den Film noch einmal ansehen, so daß es zu einer intensiven Wechselwirkung zwischen Buch und Film kommt, die die jeweiligen Eigenheiten der beiden Medien besser zur Geltung kommen läßt.

2. Texterörterung

Aufgabe

- Geben Sie den Argumentationsgang des Verfassers in eigenen Worten wieder.
- Nehmen Sie zu seinen Thesen Stellung.
- Erörtern Sie verschiedene Möglichkeiten, die es erlauben würden, Jugendliche vor zuviel Gewaltdarstellungen im Fernsehen zu schützen.

Hans Ulrich Schneider: Flut von Gewalt auf dem Bildschirm

In seltener Einmütigkeit sind die Veranwortlichen in Politik und Gesellschaft gegen die Flut von Gewaltdarstellung im Fernsehen. Ja sogar die führenden Leute in den Fernsehanstalten fordern den gewaltfreien Bildschirm, indem sie heuchlerisch auf die Konkurrenz deuten: die öffentlich-rechtlichen auf die privaten und die wieder aufeinander. Da werden Gutachten bestellt, die den eigenen Kanal als (fast) gewaltfrei darstellen und die anderen als "böse Buben", es kommt nur auf die Auswahl der Sendungen an. Alle sind gegen Gewaltverherrlichung auf der Mattscheibe. Bei soviel Übereinstimmung der Ansichten fragt sich der unbedarfte Zuschauer: "Warum ist der Übelstand nicht schon längst aus der Welt geschafft?" Aus zwei Gründen, denn erstens bringen Gewaltfilme immer noch annehmbare Einschaltquoten und zweitens ist Gewalt nicht immer gleich Gewalt.

Da sind die Bilder von sich gegenseitig umbringenden Menschen aus Sarajevo, aus Somalia, aus irgendeiner ehemaligen sowjetischen Republik, die Reihe kann ohne Mühe fortgesetzt werden. Gewalt gehört, weltweit betrachtet, zum täglichen Leben und deshalb auch zur Berichterstattung. Über die Frage der Darstellung ist noch zu reden.

Auf der anderen Seite wird Gewalt in Filmen und Serien ausgeübt, die die Fernsehzuschauer unterhalten sollen. Dabei gibt es Auswüchse. Wenn sie zur Nachtzeit gesendet werden, sind sie zwar immer noch zu verurteilen, richten aber sicher weniger Schaden an, als die Gewalt in den Vorabendserien, wenn die ganze Familie vor der Glotze hockt. Wenn Zehnjährige nachts um zwei Uhr noch Gewalt- oder Sexfilme sehen, so liegt dies weniger an der Fernsehanstalt als an den Eltern, die mit ihrem "Haustyrannen" nicht fertig werden oder zu bequem zur Erziehung sind.

Es ist sehr schwer, die Auswirkung der Gewaltdarstellung auf Jugendliche – und um die geht es bei der Diskussion um den Einfluß des Fernsehens – genau zu bestimmen. Unbestritten sind Auswirkungen vorhanden. Sie zu leugnen, wäre unrealistisch und dumm. Dem Fernsehen aber alle Schuld an der steigenden Kriminalität zuzuschieben, ist genauso unrealistisch und dumm. Denn Gewaltdarstellungen hat es seit Jahrhunderten gegeben. In den klassischen Dramen wird munter gemordet und in Opern wird manchmal die Besetzungsliste bis auf das Siegerpaar abgeräumt. Das ist künstlerische Gewalt ohne Bezug zur Wirklichkeit. Dieser Einwand mag gelten, er wird aber auch von Filmen, die nicht gerade aus der untersten Schublade kommen, in Anspruch genommen. Auch die Märchen sind gespickt mit Gewalttaten.

Da wird die Hexe verbrannt, die Großmutter vom Wolf gefressen, sogar Inzest und Kannibalismus kommen in den Märchen versteckt vor. Die historischen Gewaltdarstellungen und die Einschaltquoten bei den heutigen deuten darauf hin, daß jeder Mensch durchaus Gewalt in seine Überlegungen einbezieht, sei es, daß er sie ausüben oder sich vor ihr schützen will.

Das darf jedoch kein Freibrief für die Flut von Gewalt auf dem Bildschirm sein. Mit der Zahl der Programme wächst naturgemäß die Zahl der Gewaltszenen. Sie allein den Privaten zuzurechnen, wäre unsachlich. Die Landesanstalten für Kommunikation haben Mittel die Flut einzudämmen, etwa mit Geldstrafen bis hin zum Lizenzentzug. Sie haben diese Mittel aber noch nicht angewendet.

Aus: Schwäbische Zeitung vom 3. 3. 1993

Lösungsvorschlag

In seinem Kommentar "Flut von Gewalt auf dem Bildschirm", der am 3. März 1993 in der "Schwäbischen Zeitung" abgedruckt wurde, beschäftigt sich Hans-Ulrich Schneider mit den zunehmenden Gewaltdarstellungen im Fernsehen.

Argumentationsgang

- Die Forderungen von Politikern und Gesellschaftskritikern nach weniger Gewaltdarstellungen im Fernsehen sind heuchlerisch.
- Trotz dieses scheinbaren Grundkonsenses findet nach wie vor eine Gewaltverherrlichung auf dem Bildschirm statt.
- Gewalt ist weltweit zur alltäglichen Begleiterscheinung des Lebens geworden. Deshalb müssen die Medien auch darüber berichten.
- Gewaltfilme garantieren hohe Einschaltquoten und werden von den Zuschauern auch offensichtlich gewünscht.
- Spät gesendete Gewaltfilme sind weniger gefährlich als Gewaltdarstellungen in den Vorabendserien, weil diese dann in der Regel nur von Erwachsenen gesehen werden.
- Dem Fernsehen kann nicht die ganze Verantwortung für die steigende Kriminalität zugewiesen werden. Eltern versagen immer häufiger in der Erziehung, weil sie ihre Kinder zu oft spät gesendete Sex- oder Gewaltfilme ansehen lassen.
- Seit Jahrhunderten kommen Gewaltdarstellungen in Schauspielen, Opern oder Märchen vor und erfüllen damit ein menschliches Grundbedürfnis.
- Zur Zeit erscheinen auf dem Bildschirm zuviel Gewaltszenen, und zwar sowohl in den privaten als auch in den öffentlich-rechtlichen Programmen.

– Die Landesanstalten für Kommunikation könnten gegen Sender, die zuviel Gewalt zeigen, mit Geldstrafen oder Lizenzentzug vorgehen, verzichten aber bisher auf diese Maßnahmen.

Stellungnahme

– Der Verfasser spricht mehrere Probleme an, läßt dabei aber auch manche Frage offen: Sind die Einschaltquoten nicht auch eine "demokratische Abstimmung" der Zuschauer? Welche Auswirkungen haben Gewaltfilme auf Jugendliche und Erwachsene? Warum gehen die Landesanstalten nicht gegen das Übermaß an Gewaltdarstellungen vor?
– Selbst wenn man zugibt, daß die Medien über die tägliche Gewalt in der Welt berichten müssen, bleibt zu entscheiden, in welcher Weise über Terror, Krieg und Unglücksfälle informiert wird. Die Auswahl und die Zusammenstellung der Bilder kann auf sehr unterschiedliche (mehr oder weniger aufdringliche) Art vorgenommen werden. Die Kameraeinstellung erlaubt auch eine distanziertere Betrachtungsweise gewaltsamer Vorkommnisse.
– Es fragt sich, ob nicht die Eltern und das Fernsehen gemeinsam die Verantwortung für die zunehmende Kriminalität in der Gesellschaft tragen sollen. Wenn das Fernsehen weniger Gewaltszenen ausstrahlt, werden die Eltern in ihrer Aufsichtspflicht entlastet. Und wenn die Eltern als Vorbilder weniger Filme ansehen, verführen sie auch ihre Kinder weniger zu einem unkontrollierten Fernsehkonsum.
– Die historischen Formen der Gewaltdarstellungen waren nicht so direkt und so schreckenerregend wie die heutigen. Durch die technischen Fortschritte ist es nun möglich, brutalste Geschehnisse täuschend echt nachzustellen (Reality-TV, Horrorfilme) – eine Möglichkeit, die es in früheren Zeiten aufgrund technischer Unzulänglichkeiten (s. unvollkommene Trickaufnahmen in alten Schwarz-weiß-Filmen) nicht geben konnte. Dramen und Opern verloren nie ihren Spielcharakter und schufen dadurch Distanz zu ihren gewaltsamen Handlungen. Die meisten Märchen, auch wenn sie noch so schauderhafte Inhalte aufweisen, enden mit einem versöhnlichen Abschluß und lassen die Gerechtigkeit triumphieren.
– Trägt die Wechselwirkung zwischen Zuschauerinteresse und Fernsehangebot nicht zu einer wachsenden Verrohung der Gesellschaft bei? Die Forderungen nach brutaleren und technisch perfekteren Filmen nehmen zu, und infolgedessen wird die Hemmschwelle zu kriminellem Verhalten immer weiter heruntergesetzt. Die Gesellschaft müßte sich also über verbindliche moralische Grundwerte wieder einigen und dadurch wieder Barrieren gegen die zunehmende Gewalt aufrichten.

Möglichkeiten zum Schutz vor zuviel Gewaltdarstellungen

Hans-Ulrich Schneider spricht in seinem Kommentar bereits zwei Maßnahmen an, die es erlauben würden, Jugendliche vor zuviel Gewaltfilmen zu schützen:

- Bestrafung einzelner Sender
- Lizenzentzug

Außerdem werden in der Öffentlichkeit folgende Vorschläge diskutiert:

- Einführung eines fernsehfreien Tages
- grundsätzliche Verlegung von Gewaltfilmen in die späten Sendezeiten
- Absprachen der (öffentlichen und privaten) Fernsehanstalten über ein ausgewogeneres Programm: Reduzierung der Gewaltfilme
- genauere Angaben für die Zuschauer: Eignung eines Films für Jugendliche, Empfehlungen, Qualitätsurteile, Einteilung in Kategorien
- Medienkunde in der Schule: Schüler könnten einen bewußteren, kritischen Umgang mit dem Fernsehen erlernen.
- technische Vorrichtungen im Fernsehgerät: Eltern könnten den Betrieb des Fernsehers ab einer bestimmten Uhrzeit blockieren, damit ihre Kinder nicht während ihrer Abwesenheit die sogenannten Spätfilme konsumieren würden.
- Vorbildfunktion der Erwachsenen.

Jede einzelne dieser vorgeschlagenen Maßnahmen dürfte unterschiedlich realisierbar sein und zusätzlich die verschiedensten Auswirkungen haben.

3. Textanalyse

Aufgabe

- Entwickeln Sie den Inhalt und Aufbau des Textes.
- Untersuchen Sie den Einsatz der sprachlichen Mittel in bezug auf den Inhalt, und bestimmen Sie die Aussageabsicht.
- Beurteilen Sie die mögliche Wirkung des Textes.

Monika Putschögl: Faxen dicke

Es hat Zeiten gegeben, da muß für einen kommunikativen Geschäftsmann das Verreisen eine arge Qual gewesen sein.

Hatte er sich zum Beispiel – Manager müssen fit bleiben – für eine Bergtour entschieden. so konnte es ihm passieren, daß er Stund um Stund, ja vielleicht Tag um Tag über Geröll stolperte, an schmalen Felsgraten entlangkraxelte, über blühende Almwiesen schritt, Kühe oder Gemsen traf, aber nie auf die

Möglichkeit zu wahrer Kommunikation – kein Faxgerät weit und breit! Und die Sennerin in luft'ger Bergeshöh' hatte Speck und Charme zu bieten, aber nicht einmal ein Mobiltelephon. Allerhöchstens das Hinterlassen einer Ansichtskarte bot die Chance, Verbindung mit der Außenwelt aufzunehmen.

Welch hartes Schicksal vor gar nicht allzu ferner Zeit, nur zu einem Deutschland-Trip aufzubrechen: stundenlang getrennt von jedem Faxgerät, von jedem Kontakt zu den Mitarbeitern daheim; keine Möglichkeit, Direktiven zu geben, sich sofort einzuschalten, zu beweisen, daß man ständig mit Herz und Gedanken bei den Seinen am Schreibtisch ist. Schließlich kann ja ein eiliger Geschäftsmann auf Reisen nicht ständig das nächstgrößere Postamt ansteuern in der Hoffnung, dort auf ein Faxgerät zu stoßen. Sehnsüchtig muß er auf den Abend warten. Kaum im Hotel angekommen, stürmt er sofort die Rezeption um mit einem angemessenen Trinkgeld und einem Riesenstapel Papier das Faxgerät, seinen so lebenswichtigen Draht zum Business, für die nächste Stunde zu okkupieren.

Wie viele Geschäftsmänner wohl haben erleichtert aufgeatmet, als sie der Zeitung entnehmen konnten, daß Telekom das Faxproblem beträchtlich entschärfen und nun auch dem Fleißigsten der Fleißigen ein Mindestmaß an Reisekomfort gewähren will? Noch in diesem Jahr sollen mehr als 5000 Faxgeräte an allen wichtigen Punkten, die ein ernst- und wichtig zu nehmender Reisender ansteuert, aufgestellt werden: An Bahnhöfen und an Flughäfen, an Autobahnraststätten und in Hotels harren nun die Geräte der wichtigen Botschaften, die da kommen werden. Der warnende Hinweis auf die happigen Gebühren kann höchstens den selten zu Faxen aufgelegten Banausen erschüttern.

Allein, die großzügige Tat der Telekom ist für den wahren Faxsüchtigen nur der berühmte Tropfen auf den heißen Stein. Denn trotz der 5000 Neuen gibt es für ihn noch Hunderte von Situationen, in denen er von jedem guten Fax verlassen ist. Was macht so ein Mensch, wenn er seinem Standard gemäß zur Schlauchbootexpedition auf dem Amazonas weilt und auf das nächste Faxgerät wahrscheinlich erst in Manaus stößt? Was tut er, wenn er im Urwald Guatemalas Tempelruinen vergangener Kulturen erforschen will, ohne die Gegenwart aus den Augen zu verlieren? Jedesmal muß er zurück ins Hotel, um sich richtig ausfaxen zu können. Und wer gibt ihm die Gewähr, daß beim Segeltörn zu den Grenadinen oder den Lofoten wirklich auch eine Faxmaschine mit an Bord ist?

Dem Menschen kann bald geholfen werden, erfahren wir aus einer Zeitungsnotiz. Derzufolge wurde jüngst in Las Vegas das kleinste Faxgerät der Welt präsentiert. Und das für den Faxfreak so segensreiche Ding paßt nicht nur ins Reisegepäck, sondern in jede Hemd-, Hosen- oder Handtasche – es hat die Größe einer Zigarettenschachtel.

Reisen gewinnen eine neue Qualität. Denn nun hat der Vielbeschäftigte überall auf der Welt nur noch ein Ziel vor Augen – wo ist die nächste Telephonbuchse, damit er sein Gerät einstöpseln und notfalls sogar seine Ansichtskarten heimfaxen kann.

Aus: Die Zeit, Nr. 11, vom 12. 3. 1993

Lösungsvorschlag

In der Glosse "Faxen dicke", die am 12.3.1993 in der "Zeit" erschienen ist, beschäftigt sich Monika Putschögl auf ironische Weise mit der Ankündigung der Telekom, die Installierung von Faxgeräten beträchtlich auszuweiten.

Inhalt und Aufbau des Textes

Inhalt:
- Früher war das Reisen für Geschäftsleute eine Tortur, weil fehlende Faxgeräte die Kommunikation verhinderten.
- Eine Geschäftsreise durch Deutschland bedeutete den Verzicht auf schnelles Eingreifen im heimischen Büro und damit Machtverlust. Erst die Sicherung eines Faxgeräts in einem Hotel mit allen negativen Begleiterscheinungen beendete den kommunikationslosen Zustand.
- Die Nachricht der Telekom, dieses Jahr mehr als 5000 Faxgeräte an verschiedenen Orten einzurichten, nahmen die Geschäftsleute wie eine Erlösung von ihrem harten Schicksal auf. Hohe Gebühren konnten diese Freude nicht trüben.
- Trotz der Verbesserung ihrer Situation bedauern die Geschäftsreisenden, daß an vielen Orten in absehbarer Zeit keine Faxgeräte eingerichtet werden.
- Hoffnung kommt aus Las Vegas. Dort wurde das kleinste Faxgerät, das nur wenig Platz beansprucht, der Öffentlichkeit vorgestellt.
- Reisen werden von nun an erträglicher, weil Geschäftsleute überall nach Hause faxen können. Es bedarf lediglich einer Telefonbuchse.

Aufbau:
Die ironische Einstellung der Autorin gegenüber den faxbedürftigen Geschäftsreisenden wird vom Anfang bis zum Schluß konsequent durchgehalten. Dabei identifiziert sich die Verfasserin zum Schein mit den bedauernswerten Geschäfts-

leuten, die durch einen technischen Mangel an ihren Entfaltungsmöglichkeiten gehindert werden. Allerdings findet der lakonische Text einen versöhnlichen Abschluß.
Im großen und ganzen folgt die Darstellung einem dreiteiligen Aufbauprinzip: Klage über einen mißlichen Zustand – frohe Botschaften durch Telekom und aus Las Vegas – Lösung: Beendigung der Kommunikationslosigkeit.

Sprachliche Mittel und Textintention

Sprachliche Mittel:
- überwiegend parataktischer Satzbau
- auffallend viele Ellipsen (Widerspiegelung der hektischen Geschäftswelt)
- mehrere Fragesätze (Sorgen eines Geschäftsreisenden ohne Faxgerät)
- zahlreiche Aufzählungen (pausenlose Aktivitäten der Geschäftsleute, Orte für Faxgeräte, Vielseitigkeit des kleinen Faxgeräts)
- doppeldeutige Überschrift (1. umgangssprachlich: Späße, Narrenpossen, 2. direkter Bezug: ausreichende Gelegenheit zum Faxen)
- Superlative ("dem Fleißigsten der Fleißigen", "höchstens", "allerhöchstens", "das kleinste Faxgerät")
- Hyperbeln ("stundenlang", "Riesenstapel Papier", "Hunderte von Situationen")
- volksliedhafte Verkürzungen ("Stund um Stund", "Sennerin in luft'ger Bergeshöh'")
- bildhafte umgangssprachliche Verben (entlangkraxeln, stürmen, ansteuern, einstöpseln)
- Anspielungen, Zitate, Wortspiele ("von jedem guten Fax verlassen", "Dem Menschen kann bald geholfen werden", "der wichtigen Botschaften, die da kommen werden")
- Fremdwörter aus der Geschäftswelt und dem Freizeitbereich (faxen, Direktiven, Business - Schlauchbootexpedition, Segeltörn)

Aussageabsicht:
Mit ihrer stark übertriebenen, mitleiderregenden Darstellung will die Autorin die schnellebige, umtriebige Geschäftswelt mit ihrem übersteigerten Kommunikationsbedürfnis der Lächerlichkeit preisgeben. Der ständige Wechsel von gespielter Identifizierung mit den gestreßten Geschäftsleuten (besorgte Fragen) und ironischer Distanz ("den wahren Faxsüchtigen", "Faxfreak", sich ausfaxen) verstärkt diese Intention. Auch die doppeldeutige Verwendung des Begriffs "Faxen" (erstens als kommunikative Tätigkeit und zweitens als unsinnige Spielerei) soll die Wichtigtuerei der sich für unentbehrlich haltenden Geschäftsleute entlarven.

Wirkung des Textes

- Die meisten Leser werden sich wohl über die streßgeplagten Geschäftsreisenden, die sich sowohl im Berufsleben als auch in ihrer Freizeit unter extremen Druck setzen, amüsieren, zumal die Probleme dieser Leistungsneurotiker ja eine glückliche Lösung finden. Die großen Gefühlsschwankungen (Verzweiflung, Sehnsucht – Aufatmen, Freude) der Faxsüchtigen, die nie richtig zur Ruhe kommen können, lösen überdies Schmunzeln oder Mitleid aus.
- Vielleicht veranlaßt der Text auch manche zum Nachdenken über die Notwendigkeit eines hektischen Geschäftsgebarens. Die Rastlosigkeit unserer Zeit muß nicht als naturgegeben hingenommen werden.
- Die Geschäftsleute als die Hauptzielscheibe dieser Glosse werden sich von diesem Text in ihrem Verhalten kaum beeinflussen lassen. Zu sehr werden sie wohl die Betriebsamkeit und Unruhe verinnerlicht haben, als daß sie sich von ihren Aktivitäten distanzieren könnten.
- Die Verfasserin macht auf eine gesellschaftliche Entwicklung aufmerksam, die nicht nur Geschäftsleute betrifft, sondern letzten Endes alle angeht: die zunehmende technische Erschließung der ganzen Welt mit modernsten Kommunikationsmitteln.

4. Textinterpretation

Aufgabe

- Geben Sie den Inhalt des Textes wieder, und beschreiben Sie den Charakter der Hauptperson.
- Untersuchen Sie die erzähltechnischen und sprachlichen Mittel, die der Autor einsetzt.
- Beurteilen Sie Pauls Verhalten.

Peter Bichsel: San Salvador

Er hatte sich eine Füllfeder gekauft.

Nachdem er mehrmals seine Unterschrift, dann seine Initialen, seine Adresse, einige Wellenlinien, dann die Adresse seiner Eltern auf ein Blatt gezeichnet hatte, nahm er einen neuen Bogen, faltete ihn sorgfältig und schrieb. »Mir ist es hier zu kalt«, dann, »ich gehe nach Südamerika«, dann hielt er inne, schraubte die Kappe auf die Feder, betrachtete den Bogen und sah, wie die Tinte eintrocknete und dunkel wurde (in der Papeterie garantierte man, daß sie schwarz werde), dann nahm er seine Feder erneut zur Hand und setzte noch großzügig seinen Namen Paul darunter.

Dann saß er da.

Später räumte er die Zeitungen vom Tisch, überflog dabei die Kinoinserate, dachte an irgend etwas, schob den Aschenbecher beiseite, zerriß den Zettel mit den Wellenlinien, entleerte seine Feder und füllte sie wieder. Für die Kinovorstellung war es jetzt zu spät.

Die Probe des Kirchenchores dauert bis neun Uhr, um halb zehn würde Hildegard zurück sein. Er wartete auf Hildegard. Zu all dem Musik aus dem Radio. Jetzt drehte er das Radio ab.

Auf dem Tisch, mitten auf dem Tisch, lag nun der gefaltete Bogen, darauf stand in blauschwarzer Schrift sein Name Paul.

"Mir ist es hier zu kalt", stand auch darauf.

Nun würde also Hildegard heimkommen, um halb zehn. Es war jetzt neun Uhr. Sie läse seine Mitteilung, erschräke dabei, glaubte wohl das mit Südamerika nicht, würde dennoch die Hemden im Kasten zählen, etwas müßte ja geschehen sein.

Sie würde in den »Löwen« telefonieren.

Der »Löwen« ist mittwochs geschlossen.

Sie würde lächeln und verzweifeln und sich damit abfinden, vielleicht.

Sie würde sich mehrmals die Haare aus dem Gesicht streichen, mit dem Ringfinger der linken Hand beidseitig der Schläfe entlangfahren, dann langsam den Mantel aufknöpfen.

Dann saß er da, überlegte, wem er einen Brief schreiben könnte, las die Gebrauchsanweisung für den Füller noch einmal – leicht nach rechts drehen – las auch den französischen Text, verglich den englischen mit dem deutschen, sah wieder seinen Zettel, dachte an Palmen, dachte an Hildegard.

Saß da.

Und um halb zehn kam Hildegard und fragte: "Schlafen die Kinder?"

Sie strich sich die Haare aus dem Gesicht.

Aus: Peter Bichsel: Eigentlich möchte Frau Blum den Milchmann kennenlernen. Freiburg: Walter 1964, S. 35 f.

Lösungsvorschlag

Der Schweizer Schriftsteller Peter Bichsel (geb. 1935) ist den deutschen Lesern vor allem als Autor von Essays und Kurzgeschichten ("Eigentlich möchte Frau Blum den Milchmann kennenlernen", "Kindergeschichten") bekannt geworden. Seine meist knapp gehaltenen Erzählungen thematisieren immer wieder den Alltag der kleinen Leute, die sich mit ihren Sehnsüchten und Träumen ein besseres Leben erhoffen.

Inhalt des Textes und Charakter der Hauptperson

Inhalt:
In der Kurzgeschichte "San Salvador" will der Familienvater Paul seinem sinnentleerten Dasein entfliehen.

- Paul macht mit seiner neuen Füllfeder Schreibübungen.
- Plötzlich formuliert er auf einem neuen Papierbogen zwei für ihn wichtige Sätze: "Mir ist es hier zu kalt" und "ich gehe nach Südamerika".
- Zu einem sofortigen Antritt dieser Reise kann sich Paul jedoch nicht durchringen. Statt dessen sitzt er tatenlos herum oder beschäftigt sich mit belanglosen Dingen.
- Nachdem Paul auf einen Kinobesuch verzichtet hat, wartet er auf seine Frau Hildegard, die um halb zehn von einer Kirchenchorprobe zurückkommen wird.
- Paul stellt sich nun vor, wie Hildegard auf seinen Zettel sowie auf seine unvermittelte Abreise reagieren könnte.
- Auch dieses Nachdenken reißt Paul nicht aus seiner Passivität.
- Um halb zehn kommt, wie erwartet, Hildegard nach Hause und fragt nach den Kindern.

Charakter der Hauptperson:
Die auffallendsten Charaktereigenschaften der Hauptfigur Paul sind seine Unentschlossenheit und sein Zaudern. Seine Tagträume und geheimen Wünsche reichen nicht über ein Blatt Papier hinaus. Zu einem entschiedenen Handeln, das aus seinen Überlegungen folgen würde, kann sich der passive Familienvater nicht aufraffen.

- Paul ist nicht zu großen Taten fähig. Seine ganzen Aktivitäten erschöpfen sich in banalen, unentschlossenen Handlungen. Selbst die Pläne zu kleineren Tätigkeiten (Kinobesuch, Briefeschreiben) scheitern.
- Stark ausgeprägt ist Pauls Vorstellungsvermögen. Der Ehemann kann sich bestimmte Situationen gut ausmalen, was sich vor allem in seinen Überlegungen zu Hildegards möglichen Reaktionen auf seinen Abschiedszettel zeigt. Allerdings bleibt Paul zu sehr seiner engen Umgebung verhaftet. Daher gelingt es ihm nicht, eine wirkliche Alternative zu seinem bisherigen Leben zu entwerfen.
- Pauls Denkweise bleibt sehr ichbezogen. Gegenüber seiner Frau offenbart er kaum Gefühle. Sein Egoismus läßt ihn auch nicht an seine Kinder und deren Schicksal nach seiner eventuellen Abreise denken.

Erzähltechnische und sprachliche Mittel

Erzähltechnische Mittel:

- auktoriale Erzählhaltung: Der Erzähler gibt die Handlungen und Gedanken seiner Hauptfigur unkommentiert und neutral in der Er-Form wieder.
- stellenweise erlebte Rede: Die Beschreibung des Erzählers vermischt sich öfter mit Pauls Gedanken, so daß der Leser diese beiden Ebenen nicht eindeutig auseinanderhalten kann.
- Die Uhrzeiten spielen eine wichtige Rolle: Bis halb zehn muß sich Paul zu einer Entscheidung durchringen, weil bis dahin Hildegard zurück sein wird. Die Zeitangabe "neun Uhr" in der Mitte der Kurzgeschichte markiert einen deutlichen Einschnitt, der Paul nur noch wenig Spielraum läßt. Dadurch daß Hildegard ihre Zeitvorgaben pünktlich einhält, wird gezeigt, wie eingefahren und ohne Überraschungen ihre Ehe abläuft.
- Der Titel der Kurzgeschichte verweist auf Pauls Hoffnung (San Salvador: der heilige Erlöser), sich aus seinem Alltag lösen zu können. Er stellt gleichzeitig eine Präzisierung der im Text stehenden unbestimmten Ortsangabe "Südamerika" dar.

Sprachliche Mittel:

- Die Kurzgeschichte beginnt mit einem Pronomen (Er). Der Name der entsprechenden Person wird erst später genannt. Auch der Schlußsatz fängt mit einem Pronomen (Sie) an. Die Entfremdung zwischen Mann und Frau wird damit herausgestellt.
- Aufzählungen (mehrere kleine Tätigkeiten Pauls)
- Wiederholungen ("Dann saß er da.", Haare aus dem Gesicht streichen): Verdeutlichung der festgefahrenen Gewohnheiten
- Konjunktive: Pauls Vorstellung von Hildegards Reaktion
- Ellipsen ("Saß da.", "Zu all dem Musik aus dem Radio.")
- Schlüsselbegriffe (denken, überlegen – sehen, betrachten)
- mehrmals wiederholte Zeitadverbien (dann, jetzt, nun, später): Pauls zögerndes, durch Scheinaktivitäten unterbrochenes Warten
- einmal direkte Rede (Hildegards Frage): Das Ehepaar hat sich kaum noch etwas zu sagen.

Beurteilung von Pauls Verhalten

- Pauls Überlegungen schwanken zwischen dem Festhalten am Gewohnten und der Idee einer sofortigen Flucht. Sein letzter Gedanke vor Hildegards Eintreffen ("dachte an Palmen, dachte an Hildegard") hebt diese enge Verbindung der beiden Extreme besonders deutlich hervor.

- Pauls Vorstellungen von einem neuen Anfang bleiben vage – ein Zeichen, daß er es wohl doch nicht ernst meint.
- Paul kann seine Lage nicht analysieren. Er nennt nur einen Grund (zu große Kälte) für eine mögliche Flucht. So bleiben seine Reflexionen in einem gefühlsmäßig bestimmten Unbehagen stecken.
- Pauls Unentschlossenheit steht in einem merkwürdigen Gegensatz zu der sorgfältig vorgenommenen Niederschrift seiner Fluchtgedanken.
- Mit seinen Ablenkungen und zögerlichen Unternehmungen schiebt Paul eine Entscheidung immer wieder hinaus, bis es zu spät ist. Alternativen kommen für ihn nur in seiner Gedankenwelt, nicht aber in der Realität vor.

5. Literarisches Thema

Aufgabe

- Ordnen Sie diesen Textausschnitt in den Zusammenhang von Brechts Drama ein, und erläutern Sie seine Bedeutung.
- Welche Aufgaben weist Galilei in dieser Textstelle der Wissenschaft und den Wissenschaftlern zu?
- Erörtern Sie Galileis "Verrat" an der Wissenschaft, und nehmen Sie zu dieser Selbstanklage Stellung.

Bertolt Brecht: Leben des Galilei

GALILEI *akademisch, die Hände über dem Bauch gefaltet:* In meinen freien Stunden, deren ich viele habe, bin ich meinen Fall durchgegangen und habe darüber nachgedacht, wie die Welt der Wissenschaft, zu der ich mich selber nicht mehr zähle, ihn zu beurteilen haben wird. Selbst ein Wollhändler muß, außer billig einkaufen und teuer verkaufen, auch noch darum besorgt sein, daß der Handel mit Wolle unbehindert vor sich gehen kann. Der Verfolg der Wissenschaft scheint mir diesbezüglich besondere Tapferkeit zu erheischen. Sie handelt mit Wissen, gewonnen durch Zweifel. Wissen verschaffend über alles für alle, trachtet sie, Zweifler zu machen aus allen. Nun wird der Großteil der Bevölkerung von ihren Fürsten, Grundbesitzern und Geistlichen in einem perlmutternen Dunst von Aberglauben und alten Wörtern gehalten, welcher die Machinationen dieser Leute verdeckt. Das Elend der Vielen ist alt wie das Gebirge und wird von Kanzel und Katheder herab für unzerstörbar erklärt wie das Gebirge.

Unsere neue Kunst des Zweifelns entzückte das große Publikum. Es riß uns das Teleskop aus der Hand und richtete es auf seine Peiniger. Diese selbstischen und gewalttätigen Männer, die sich die Früchte der Wissenschaft gierig zunutze gemacht haben, fühlten zugleich das kalte Auge der Wissenschaft auf ein tausendjähriges, aber künstliches Elend gerichtet, das deutlich beseitigt werden konnte, indem sie beseitigt wurden. Sie überschütteten uns mit Drohungen und Bestechungen, unwiderstehlich für schwache Seelen. Aber können wir uns der Menge verweigern und doch Wissenschaftler bleiben? Die Bewegungen der Himmelskörper sind übersichtlicher geworden; immer noch unberechenbar sind den Völkern die Bewegungen ihrer Herrscher. Der Kampf um die Meßbarkeit des Himmels ist gewonnen durch Zweifel; durch Gläubigkeit muß der Kampf der römischen Hausfrau um Milch immer aufs neue verlorengehen. Die Wissenschaft, Sarti, hat mit beiden Kämpfen zu tun. Eine Menschheit, stolpernd in diesem tausendjährigen Perlmutterdunst von Aberglauben und alten Wörtern, zu unwissend, ihre eigenen Kräfte voll zu entfalten, wird nicht fähig sein, die Kräfte der Natur zu entfalten, die ihr enthüllt. Wofür arbeitet ihr? Ich halte dafür, daß das einzige Ziel der Wissenschaft darin besteht, die Mühseligkeit der menschlichen Existenz zu erleichtern. Wenn Wissenschaftler, eingeschüchtert durch selbstsüchtige Machthaber, sich damit begnügen, Wissen um des Wissens willen aufzuhäufen, kann die Wissenschaft zum Krüppel gemacht werden, und eure neuen Maschinen mögen nur neue Drangsale bedeuten. Ihr mögt mit der Zeit alles entdekken, was es zu entdecken gibt, und euer Fortschritt wird doch nur ein Fortschreiten von der Menschheit weg sein. Die Kluft zwischen euch und ihr kann eines Tages so groß werden, daß euer Jubelschrei über irgendeine neue Errungenschaft von einem universalen Entsetzensschrei beantwortet werden könnte. – Ich hatte als Wissenschaftler eine einzigartige Möglichkeit. In meiner Zeit erreichte die Astronomie die Marktplätze. Unter diesen ganz besonderen Umständen hätte die Standhaftigkeit eines Mannes große Erschütterungen hervorrufen können. Hätte ich widerstanden, hätten die Naturwissenschaftler etwas wie den hippokratischen Eid der Ärzte entwickeln können, das Gelöbnis, ihr Wissen einzig zum Wohle der Menschheit anzuwenden! Wie es nun steht, ist das Höchste, was man erhoffen kann, ein Geschlecht erfinderischer Zwerge, die für alles gemietet werden können. Ich habe zudem die Überzeugung gewonnen, Sarti, daß ich niemals in wirklicher Gefahr schwebte. Einige Jahre lang war ich ebenso stark wie die Obrigkeit. Und ich überlieferte mein Wissen den

Machthabern, es zu gebrauchen, es nicht zu gebrauchen, es zu mißbrauchen, ganz, wie es ihren Zwecken diente.

Virginia ist mit einer Schüssel hereingekommen und bleibt stehen.

GALILEI Ich habe meinen Beruf verraten. Ein Mensch, der das tut, was ich getan habe, kann in den Reihen der Wissenschaftler nicht geduldet werden.

Aus: Bertolt Brecht: Leben des Galilei. Frankfurt: Suhrkamp 1963, S. 124 ff.

Lösungsvorschlag

Bert Brecht stellt in seinem Schauspiel "Leben des Galilei" eine historische Forscherfigur in den Mittelpunkt, die im Konflikt zwischen Macht und Wahrheit scheitert.

Einordnung und Bedeutung des Textausschnitts

Einordnung des Textausschnitts:

- Die Textstelle kommt in der 14. Szene des Dramas vor: Galilei lebt nach seinem Widerruf als Gefangener der Inquisition in einem Landhaus bei Florenz. Der fast erblindete Naturwissenschaftler betreibt unter der Aufsicht eines Mönchs weiterhin physikalische Studien, muß aber auch regelmäßig ergebungsvolle Briefe an den Erzbischof diktieren.
- Andrea Sarti besucht nach einigen Jahren seinen ehemaligen Förderer und Lehrer Galileo Galilei. Dieser erfährt von seinem Ex-Schüler, welche verhängnisvollen Folgen sein Widerruf auf die gesamte Entwicklung der Wissenschaften gehabt hat. Auch Andrea leidet unter dieser Situation und sieht sich deshalb gezwungen, zur Fortsetzung seiner Experimente nach Holland zu gehen.
- Nachdem Galilei seinem früheren Schüler das Manuskript der "Discorsi", an denen er heimlich weiterarbeitete, überreicht hat, hält Andrea den Verfasser für einen Widerstandskämpfer, der seine eigenen Erkenntnisse aus taktischen Gründen verleugnet hat.
- Galilei rückt nun Andreas Sichtweise zurecht, indem er sein Versagen in einer bedeutsamen Situation eingesteht und die moralischen Anforderungen an einen Wissenschaftler begründet.

Bedeutung der Textstelle:

- Galilei führt in diesem langen Monolog eine massive Selbstanklage durch. Er hat eingesehen, daß er durch seinen "Verrat" an der Wissenschaft einen gesellschaftspolitischen Prozeß, den er selbst ausgelöst hatte, zum Stillstand

gebracht hat. Die Verantwortung eines Wissenschaftlers für sein gesamtes Handeln wird damit einer strengen moralischen Verpflichtung unterworfen. In dieser Textstelle wird das Urteil über Galileis Verhalten gesprochen. Dadurch daß der Forscher die Bewertung seines Widerrufs selbst vornimmt, wird das Versagen um so deutlicher herausgestellt. Alle Beschönigungen und Ehrenrettungen werden unerbittlich zurückgewiesen.
- Brecht zeigt am Beispiel von Galileis Widerruf den "Sündenfall" der Naturwissenschaft. Menschliche Schwäche hat die Verbreitung einer hoffnungsvollen Botschaft an die Menschheit verhindert. Eine einmalige, unwiederbringliche Chance wurde auf diese Weise vertan.
- Für die Wissenschaftler werden Verhaltensregeln formuliert, die vor allem in der heutigen Zeit gelten sollen. Die enge Verknüpfung von Wissenschaft und Gesellschaft soll das verantwortungsvolle Handeln der Forscher zur Notwendigkeit erheben. Anzustreben wäre eine Art hippokratischer Eid, der die Naturwissenschaftler verpflichtet, "ihr Wissen einzig zum Wohle der Menschheit anzuwenden."
- Die Textstelle erscheint in sich selbst widersprüchlich: Zum einen wird das Versagen der Wissenschaft unmißverständlich festgestellt, und zum anderen wird ein Appell an die Verantwortung der Wissenschaftler gerichtet, der nach diesem moralischen Scheitern kaum noch einlösbar erscheint.

Aufgaben der Wissenschaft und der Wissenschaftler

Galilei weist der Wissenschaft eine gesellschaftliche und ethische Dimension zu:
- Die Wissenschaft muß nicht nur gute Ergebnisse liefern, sondern muß sich auch den nötigen Freiraum für eine unbehinderte Forschung schaffen. Die Wissenschaft verbreitet den Zweifel und erschüttert dadurch die Machtpositionen der Fürsten und Geistlichen. Die althergebrachte Gesellschaftsordnung wird durch die Frage nach ihrer Berechtigung ins Wanken gebracht.
- Die Wissenschaft sollte das Leben der Menschen erleichtern und nur dem Wohle der ganzen Menschheit dienen.
- Die Wissenschaft kann auf die Gesellschaft eine befreiende Wirkung haben, indem sie die Menschen von ihren Vorurteilen und ihrem Aberglauben löst.

Galilei stellt an einen Wissenschaftler hohe moralische Ansprüche:
- Ein Wissenschaftler muß tapfer sein und sich auch gegen die Forderungen der Mächtigen behaupten können.
- Ein Wissenschaftler sollte sich der möglichen Folgen seiner Forschungsergebnisse bewußt sein und dafür auch die Verantwortung tragen.

- Ein Wissenschaftler muß seine Unabhängigkeit bewahren. Er darf sich weder den Mächtigen ausliefern noch sich unbekümmert lediglich seiner Wissenserweiterung hingeben.
- Ein Wissenschaftler darf den Kontakt zur Menschheit nicht verlieren. Stets sollte er Ziel und Zweck seines Vorgehens im Auge behalten.

Galileis "Verrat"

Galilei bezeichnet sich selbst als Verräter und schließt sich damit aus den Reihen der Wissenschaftler aus.
- Er hat eine von ihm als richtig erkannte Lehre widerrufen.
- Er ist damit an seinem eigenen Anspruch gescheitert: "Wer die Wahrheit nicht weiß, der ist bloß ein Dummkopf. Aber wer sie weiß und sie eine Lüge nennt, der ist ein Verbrecher!" Dieser Vorwurf trifft Galilei um so stärker, weil er um die Zusammenhänge der wissenschaftlichen Erkenntnisse mit den sozialen Verhältnissen weiß.
- Durch seine Tat hat Galilei die Wahrheit in den Dienst der Macht gestellt.
- Galilei hat seine Schüler und Anhänger in die Resignation getrieben. Er hat durch seinen Widerruf die Freiheit der Wissenschaft verspielt und ihren Fortschritt um Jahrzehnte zurückgeworfen. Der Machtkampf zwischen Kirche und Wissenschaft wurde zugunsten der ersteren entschieden.
- Galilei hat seine körperliche Unversehrtheit über die von ihm vertretenen ethischen Werte gestellt. Damit hat sich der Egoismus gegenüber der Allgemeinheit durchgesetzt.

Allerdings müssen bei einer kritischen Lebensbilanz auch Galileis Verdienste um die Wissenschaft berücksichtigt werden:
- Galilei hat zahlreiche Erfindungen zum Wohle der Menschheit gemacht.
- Er hat einem vernunftgemäßen Vorgehen in der Wissenschaft enormen Vorschub geleistet.
- Er hat den Naturwissenschaften zu einer ungeahnten Popularität verholfen und Erkenntnisse, die früher einigen Spezialisten vorbehalten waren, einem breiten Publikum zugänglich gemacht.

Weitere Fragen, die in einer Stellungnahme kritisch diskutiert werden können:
Gab es wirklich eine Chance, sich gegen die Inquisition durchzusetzen? Kann dem einmaligen Versagen eines Wissenschaftlers eine so große Bedeutung zukommen, wie Brecht sie sieht? Kann ein einzelner für die Entwicklung der gesamten Menschheit verantwortlich gemacht werden? Kann Galileis Widerruf in ursächlichen Zusammenhang mit dem Sündenfall der Atomphysiker im 20. Jahrhundert gebracht werden?

Stichwortverzeichnis

Literaturverzeichnis

Beicken, Peter U.: Franz Kafka – Eine kritische Einführung in die Forschung. Frankfurt / M. 1974.

Braak, Ivo: Poetik in Stichworten. Literaturwissenschaftliche Grundbegriffe. Eine Einführung. Kiel ^{6}1980.

Enzensberger, Hans Magnus: Die Gedichte. Frankfurt / M. 1983.

Goethe, Johann Wolfgang von: Iphigenie auf Tauris. Ein Schauspiel. (Reclam Taschenbuch, Bd. 83) Stuttgart 1975.

Gutzen, Dieter / Oellers, Norbert / Petersen, Jürgen H.: Einführung in die neuere deutsche Literaturwissenschaft. Ein Arbeitsbuch. Berlin ^{5}1984.

Holst, Günter: Johann Wolfgang von Goethe: Iphigenie auf Tauris. (Grundlagen und Gedanken zum Verständnis des Dramas. Diesterweg, Bd. 6467) Frankfurt / M. ^{4}1983.

Kayser, Wolfgang: Das sprachliche Kunstwerk. Eine Einführung in die Literaturwissenschaft. Bern ^{3}1948.

Kluge, Manfred / Radler, Rudolf (Hrsg.): Hauptwerke der deutschen Literatur. Einzeldarstellungen und Interpretationen, München 1974.

Lämmert, Eberhard: Bauformen des Erzählens. Stuttgart ^{6}1975.

Lennartz, Franz: Deutsche Dichter und Schriftsteller unserer Zeit. Stuttgart ^{10}1969.

Lennartz, Franz: Deutsche Schriftsteller der Gegenwart. Stuttgart ^{11}1978.

Lennartz, Franz: Deutsche Schriftsteller des 20. Jahrhunderts im Spiegel der Kritik. 3 Bde. Stuttgart 1984.

Lenz, Siegfried: Beziehungen. Ansichten und Bekenntnisse zur Literatur. München ^{5}1979.

Markun, Silvia: Ernst Bloch. In Selbstzeugnissen und Bilddokumenten. Reinbek 1977.

Meyers Handbuch über die Literatur. Ein Lexikon der Dichter und Schriftsteller aller Literaturen. Mannheim ^{2}1970.

Rothmann, Kurt: Deutschsprachige Schriftsteller seit 1945 in Einzeldarstellungen. Stuttgart 1985.

Wagenbach, Klaus: Franz Kafka. In Selbstzeugnissen und Bilddokumenten. Reinbek 1964.

Weiß, Karl J. / Erwert, Helmut: Sprechen – Schreiben – Unterscheiden. Deutschbuch für die Sekundastufe II, insbesondere der Fachoberschulen und berufsbildenden höheren Schulen. Bad Homburg ^{4}1978.

Wilpert, Gero von: Deutsches Dichterlexikon. Stuttgart ^{2}1976.

Wilpert, Gero von: Sachwörterbuch der Literatur. Stuttgart ^{5}1969.

Ihre Meinung ist uns wichtig!

Ihre Anregungen sind uns immer willkommen.
Bitte informieren Sie uns mit diesem Schein über Ihre Verbesserungsvorschläge!

Titel-Nr.	Seite	Fehler, Vorschlag

Bitte hier abtrennen

STARK

Bitte hier abtrennen

Zutreffendes bitte ankreuzen!

Die Absenderin/der Absender ist:

- ☐ Lehrer/in
- ☐ Fachbetreuer/in
  Fächer: ____________
- ☐ Oberstufenbetreuer/in
- ☐ Seminarlehrer/in
  Fächer: ____________
- ☐ Schulleiter/in
- ☐ Regierungsfachberater/in
  Fächer: ____________
- ☐ Sekretariat
- ☐ Schüler/in
- ☐ Eltern

Unterrichtsfächer:

Stark Verlag
Postfach 1852
85318 Freising

7-V1T

Bitte ausfüllen und im frankierten Umschlag an uns einsenden. Für Fensterkuverts geeignet.

Kennen Sie Ihre Kundennummer?
Bitte hier eintragen.

Absender (bitte in Druckbuchstaben)

Name/Vorname

Straße/Nr.

PLZ/Ort

Schule/Schulstempel (bitte immer angeben)

(Bitte blättern Sie um)